代父从军
花木兰

姜 越◎编著

郑州大学出版社

郑州

图书在版编目（CIP）数据

代父从军——花木兰 / 姜越编著 . —郑州：郑州
大学出版社，2019.6

ISBN 978-7-5645-6263-2

Ⅰ . ①代… Ⅱ . ①姜… Ⅲ . ①传记文学－中国－当代
Ⅳ . ① I25

中国版本图书馆 CIP 数据核字（2019）第 076258 号

郑州大学出版社出版发行

郑州市大学路 40 号　　　　　　邮政编码：450052
出版人：张功员　　　　　　　　发行部电话：0371-66658405
全国新华书店经销

河南龙华印务有限公司印制

开本：710 mm×1 000 mm　1/16

印张：15

字数：196 千字

版次：2019 年 6 月第 1 版　　　　印次：2019 年 6 月第 1 次印刷

书号：ISBN 978-7-5645-6263-2　定价：49.80 元

前　言

　　花木兰是中国古代的女英雄，以代父从军闻名天下，唐代追封她为"孝烈将军"，设祠纪念。其事迹被多种样式的文艺作品所表现，尤其是电影、电视剧，影响甚广波及全世界。花木兰其人其事仅限《木兰辞》中，纵观南北朝、隋唐诸史并无记载，所以其生卒年和故里有很大争议。花木兰的故事是一支英雄的歌，一首悲壮的诗。花木兰代父从军的传说多少年来一直在民间传为佳话，巾帼英雄花木兰不仅以孝女的形象出现，而且也是捍卫和平、抵御外辱的象征，更重要的是她给"三纲五常，重男轻女"的封建制度以无情的鞭挞和迎头痛击，因此，花木兰是中国女性的自豪，也为世界所推崇。

　　从《木兰诗》中我们看到的只是一个叫木兰的女子，无从得知木兰的姓氏，后来的人们都喜欢称她为花木兰，也许是因为女人如花的赞誉，人们便给予了她那样一个美丽的姓氏吧。

　　自从有舞台和戏剧，花木兰的形象就不曾黯淡过，她似一阵清风，吹过了千年的岁月，轻拂无数女性的心头。在她们的眼中，花木兰就像是一个伟大的传奇。花木兰平时虽只是纺纱织布、操持家务的普通女子，但是在战争面前，她毅然决然地代父从军，用柔弱的身躯和男子们共同纵横驰骋、浴血沙场。勇敢机智的花木兰在十二年的征战中立下了赫赫战功，一路高升，但是花木兰并没有贪图这些虚名，而是弃名返乡，继续过着普通人的生活。

在传统的花木兰形象中，她是主动为父参军，所以是至孝的代表；在对待国家的问题上，她为国奋战，九死一生，又是至忠的代表；在个人能力上，她被塑造得勇敢又充满智慧，在战争中智谋百出，屡建大功；在品德节操上，她不爱名利，放着大官不做，宁愿回乡过平淡的生活……

诞生于南北朝时期，与《孔雀东南飞》并称"南北双璧"的《木兰辞》，不仅以隽永清丽的文辞而称美，更以其动人魂魄的人物故事闪动着热血雄心——古往今来，历代人们都不禁吟哦传唱，流传至今。这首叙事体的长诗，犹如缓缓展开的长卷，将花木兰长达十二年的奇情传说娓娓道来。

书中全面详细地讲述了花木兰幼年，成年，以及代父从军的坎坷遭遇，带兵打仗，建功立业等各个时期的故事。本书语言生动活泼、简明通俗、图文并茂，把一代豪女花木兰的生平、功绩、遭遇、社会贡献等知识要点全面展示给读者。本书在深入挖掘和整理中华优秀传统文化成果的同时，结合社会发展，注入了时代精神。

花木兰是中国古代传说中的四大巾帼英雄之一，是中国南北朝时期一个色彩极浓的巾帼英雄，她的故事也是一首悲壮的史诗。

目　录

第一章　幼年学艺，师徒情深初长成

花木兰是中国古代女英雄，以代父从军而闻名天下。然而，花木兰在幼年，就已经表现出了其过人的才智与武术天赋。花木兰偏爱武艺，对于武术达到了痴迷的程度，她的一生也将因为她的这一身武艺而更加耀眼。

第二章　花弧回乡，惹怒县令遭陷害

花弧回到家中，却无意间惹怒了县令的儿子，由此引发了一系列的风波。对于一个贪赃枉法，意图谋反的县令，花木兰做出了相应的抗争，并最终取得了成功。

第三章　代父从军，女扮男装入军营

世事变迁，风云突变，一场突如其来的战争让国家陷入了危难之中。由此，国家不得不进行征兵。花木兰为了家人，决心代父从军。作为一个柔弱的女子，她或许只会织布。然而，作为一个军人，她已然成为人们心目中的巨人。

第四章　女子豪杰，智勇双全压群雄

花木兰的英勇事迹闻名于世，她在战斗中屡屡获得功绩，不得不说是女中豪杰。花木兰不仅有着不亚于男儿的胸襟与智慧，同时也具有敢作敢当、奋勇直前的性格，在边关的风云生活中，她无疑是一个神话。

第五章　巾帼英雄，横扫胡军建功勋

花木兰的事迹流传至今，中国古代巾帼英雄，忠孝节义，代父从军而流传千古，唐代皇帝追封为"孝烈将军"。花木兰是中国古代四大巾帼英雄之一，她是中国南北朝时期一个色彩极浓的巾帼英雄，她的故事也是一首悲壮的英雄史诗。

第一章

幼年学艺，师徒情深初长成

花木兰是中国古代女英雄，以代父从军而闻名天下。然而，花木兰在幼年，就已经表现出了其过人的才智与武术天赋。花木兰偏爱武艺，对武术达到了痴迷的程度，她的一生也将因为她的这一身武艺而更加耀眼。

陌生老人，原是花弧师傅

隋朝文帝年间的一个深秋，豫东平原上的一个村庄——营廓镇，在座院落的大门外，是一个宽敞的武场。武场上，一群青壮男子在练武。他们练得很热闹，村民们都看得入了迷。

这时候，一个鹤发童颜的老人从镇外走来。老人的年纪看上去有六十岁，武林人打扮，肩上挎着一副褡裢，背后斜插一把单刀，颔下白髯飘飘，显得威武和飘逸。

老人一进村，就被武场上的人群吸引住了。他停下脚步思索了一下，便向那里走去。

人们都在聚精会神地看练武，没有人注意他。

老人来到武场边停下，隔着人群望了望练武的人们，见他们的武艺都不弱，便向旁边的一位老者问道："这是村里人在练武吗？"

他问的这位老者叫张义兴，是营廓镇一位颇有威望的老人。张义兴望一望他，见此人好生疏，不知他从哪里来，也不知他是什么时候来到了这里，一边猜测着他的来历，一边答道："啊，是的。"

老人赞许地说："他们练得真不赖，这里武风很盛啊！"

"是的。"张义兴又随口答了一声，望了望老人，问："你是外乡人吧？"

老人微笑着点点头说："是的。"

"我说你怎么不知道呢。"张义兴道，他对自己的家乡有一种自豪感，便继续说："这里是营廓镇，古时候，商汤王就是从这里起兵伐夏的。自那时起，这里就是兵家必争之地，武风也就兴盛了起来。有志的年轻人，有的为了报效国家，有的为了成就个人的事业，练武的很多。"

"原来如此啊！"老人点了点头，"真是了不起！"

张义兴更起劲了，继续说道："你不知道，这里兵荒马乱，一般百姓为了保家护身，也都要学些武艺。隋朝建立之后，局势动荡不安，民间武风更盛，几乎三两个村镇都要办一个武术馆。"他自豪地挺了一下胸，"我们营廓镇的武术馆啊，在三乡五里都是很有名的！"

老人畅然笑了一下，"我说呢！"

张义兴上下打量老人，见他打扮不俗，疑惑地问："你是……"

"啊！打拳卖艺的。"老人爽快地说。

张义兴一喜："打拳卖艺的？好啊！"于是便直率地说："说实话，这么多年，还真没有打拳卖艺的敢到我们营廓镇来！看你老这打扮，一定技艺不俗。请您老上去亮上几招，让乡亲们开开眼界？"

老人摇手："不不！这里英雄会聚，我哪敢献丑。"

"呃！"张义兴更加爽快起来，"武林人都是同行，说啥献丑不献丑？"

老人仍然摇手说："不行不行！"

人们听说这老人是打拳卖艺的，都有些愕然地扭过头去望他，同时悄悄议论："打拳卖艺的？""还有人敢来咱营廓镇打拳卖艺？"

众人的议论惊动了正在场上练武的中年人周大龙。周大龙一愣，停了下来，望一望老人，突然捂着嘴鄙夷地一笑，向身边的王二彪窃窃私语："嘻嘻！他不敢过来。"

王二彪望一眼老人，也笑着说："这老头儿也不打听打听，方圆百儿八十里的，谁不知道咱们营廓镇藏龙卧虎？他竟敢来咱镇上打拳卖艺，欺咱营廓镇无人吗？"

李三顺也凑了过来，"就是，我看这老头儿是想在太岁头上动土！"

王二彪悄悄向两人说："他大概是听说咱镇上的花大叔不在家，才敢来这里卖弄的吧！"

"花大叔不在家，还有咱们！"周大龙自信地说，"我看，咱们今天就和他比试一下，也让他知道咱营廓镇的弟兄们的厉害。"

王二彪、李三顺点头，"好，就这么办。"

三人挤眉弄眼地一同向老人走来。到老人跟前，三人分别施礼，说道："这位前辈请了。"老人见他们如此，莫名其妙，急忙还礼："三位英雄请了！"王二彪含而不露地说："不知武林前辈到来，有失远迎。"老人连忙谦虚地说："岂敢，岂敢。"李三顺接上来说："老人家既然是武林前辈，大家想请您老上场亮上几招，还望不要推辞。"老人摇手："不敢！众英雄面前，老夫岂敢造次？"

张义兴不知周大龙三人蓄意，还以为他们是诚心，便诚恳地向老人说："他们都是年轻人，上进心切，想向您老请教，您老就过去吧！"老人仍然摇手："不敢，不敢！"三个壮年人见老人推脱，便硬拉老人上了场。老人有些尴尬地不知说什么好："这……"

周大龙面带讥笑地向乡亲们说："众位乡亲，这位老前辈到咱们营廓镇来，一定身手不凡，给大家献上几招，让大家一饱眼福。请大家打开场子。"

众人一听，齐声鼓起掌来，"好！"然后纷纷后退，打开场，让老人亮艺。

那老人一时下不了台，便只好先向众人一揖，说："蒙众乡亲抬爱，老夫就不得不鸭子强上架了。请众位英雄多多指点，粗陋之处，还望包涵"。说罢抽出背后的单刀耍了起来。

刚耍了几套花样，观众觉得新鲜，一阵喝彩。

老人耍了一阵，停了下来，向观众抱拳说："见笑，见笑！"

周大龙向王二彪和李三顺悄悄说："身手倒也利落，但却不过是几套花拳绣腿，能哄住看热闹的人们，可哄不住咱哥们儿。走，上前去跟他比试比试。"

三人来到场子中间，周大龙向老人说道："老人家，晚辈不知天高地厚，想向老人家领教领教，望老人家赏光。"老人明白了他的意思，笑笑说："不敢！自古英雄出少年，我已是老朽，恐怕不行了！"王二彪说："姜还是老的辣，老前辈不要谦辞。"

这时，张义兴才看出周大龙三人的蓄谋，连忙走上来，郑重地说："你们三个年轻人向客人讨教，可要诚心诚意，不许对客人不恭。"李三顺向张义兴笑了笑："嘿嘿！张大爷，你就放心吧。"

老人胸有成竹地微笑着说："既然三位英雄有兴，我初来乍到，岂敢不奉陪？一对一的比试不太好看，就请三位英雄一同向老夫赐教，如何？"

三人都心想，这人好大的口气！都不禁望一眼老人，睥睨一笑。周大龙说："老人家来到俺们这里，俺们本当先让一步。俺三个一起上，岂不有以主欺客、仗多欺寡之嫌？"老人爽快地笑了："好啊！年轻人挺有礼貌，那就客随主便吧！"

"好哩！"周大龙高兴地说，"我就先向老人家领教领教。"

老人向周大龙一揖，"告罪。"随即便立下门户，"请英雄进招。"周大龙拱手向老人说："晚生虽然年幼，但尚懂武林规矩，哪能欺客？还请老人家先进招。"老人点点头说："好！那我就承让了。"说罢，胡乱向周大龙进了三招，算是走过了程式。

周大龙让过三招，开始进招，一招"白鹤亮翅"，然后勾拳向老人进攻。老人用一招"灵雀遁鹰"，灵巧地躲了过去；周大龙右手又一招"独龙单拳"，老人应一招"就地旋风"，飞快地躲开；周大龙第三招来一个"单臂扫桩"，老人用一招"猿猴避虎"，又轻松地躲了过去。

周大龙三招使过，连老人的边儿也没挨着，第四招"泰山压顶"突然使出。老人看得真切，伸出一只手轻轻向上一撩，就把他的手腕握在手里，稍稍用力向前一送，周大龙便身不由己，向后倒去，眼看要摔在地上。没想到老人身法那样的快，早移步到了他的背后，用手将他托住，笑着说："小伙子，不要摔着了。"

周大龙见老人功夫了得，不得不刮目相看了，站起来向老人拱手一揖，诚恳地说："老前辈实在身手不凡，让晚辈心服口服，我输了。"

老人笑着说："承让，承让！"

接着，王二彪和李三顺接连上来，都是没过三招两式，便成了老人的手下败将。两人都后悔刚才对老人小看了，对视了一眼，便一起由衷地竖起了大拇指，然后服气地向老人一揖："晚辈有眼不识泰山，今天算真正遇上高人了！"

张义兴见三个年轻人很快都败下阵来，急忙走上前，向老人问："敢问老英雄高名上姓？"老人一拱手："不敢！在下复姓司马，贱字方宣。"张义兴大惊，"哎哟哟，怪不得呢！早就听说世上有一位高明的武术家名叫司马方宣，这名字真是如雷贯耳！原来是高师到了！"望着武场上的青壮年，"这样的武术高师，我们想请还请不到呢！小子们，愣着干啥？还不快来拜师？"

众青壮年一听，这才回过神来。周大龙激动地向众人说："弟兄们，实是天降高师于我们营廓镇啊，大家快来拜过师父！"说罢率先向老人跪下："师父在上，受徒儿一拜！"

众青壮年也一起跟着跪下："师父在上，受徒儿一拜！"

这实在出乎司马方宣的意料。老人连忙上前搀扶周大龙等人，一迭声地说："哎哟！众英雄如此，实在是折煞老夫了！老夫武艺浅薄，哪里当得起？请起！快请起！！"

周大龙一心要让老人向大家传授武艺，招呼大家说："师父不答应，我们就不起来了。"众人一听，齐声向老人恳求说："请师父应允！"

司马方宣尴尬地摊着两手，"这这……这如何是好？使不得！使不得！"

张义兴欢喜地向司马方宣拱手，恳求说："高师，年轻人多有冒昧，我在这里替他们赔罪了！高师不知，咱营廓镇上的年轻人虽然气高好胜，但却惯好崇拜英雄豪杰。他们对高师佩服得五体投地，诚恳拜师，求高师不要计较他们刚才贸然不恭，就答应了吧！"

司马方宣想了一想，觉得在这里住些时日也好，便说："既然乡亲们心意如此，那我就恭敬不如从命了！说真心话，我还就喜欢这样的年轻人！"张义兴面朝众青壮招手，"向高师再拜！"众人激动地向司马方宣叩头，"再拜师父！"张义兴高兴地向司马方宣说："高师今天到来，对我们营廓镇真是雪中送炭！这下可好了！俺这个武馆有了高人传授，今后营廓镇一定会人才辈出！哈哈……"

就这样，司马方宣在营廓镇住了下来，天天向年轻人和童子班的孩子们传授武艺。不知不觉，几个月便过去了。有道是名师出高徒，几个月后，不但大人们的武艺有很大长进，童子班的孩子们的武艺也今非昔比了。大家都说，师父要是能在镇上待个三年五载，营廓镇可真是龙腾虎跃了，以后，县里徐虎再来作恶，乡亲们就不怕了。

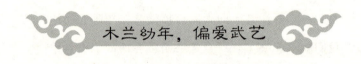

木兰幼年，偏爱武艺

这天，武学班的孩子们正在兴致勃勃地练武。

一个女孩子在场外细心地看着，脸上现出羡慕的神情。她看得兴致勃勃，情不自禁地在场外练了起来。练着练着，索性插到男孩子的队伍里。

周铁蛋是个胖墩儿，和李小宝是一对搭档。两人对练，手脚伶俐的李小宝一个"双手推山"，周铁蛋冷不防被推得向后倒退几步。那女孩子正练得起劲，没注意到周铁蛋，一伸腿，将周铁蛋绊了个仰面朝天，摔倒在地上。

周铁蛋恼极，一看绊倒他的女孩子是木兰，便大骂："木兰，你这个死丫头，为啥绊我？"

木兰一脸歉意，连忙去扶周铁蛋，说："铁蛋儿哥，你不要生气，我不是有意的。摔着了没有？"

周铁蛋一甩手将她拨开，从地上爬起来，气急败坏地说："臭丫头，看我怎样揍你！"

木兰见他并不原谅自己，就辩理说："不是我要绊你，是你自己绊到我腿上的。"

周铁蛋怒瞪着两眼："你要是不到我们场上来，我能绊你腿上吗？都怪你！都怪你！"

木兰怯怯地说："我一个人在场子外边练，不是不尽兴吗？我想和你们一起练，所以……"

周铁蛋听了，傲然地一挺胸脯，"这是武学班，是俺男孩子的武学班，你知道不？你一个小闺女家，哪配和俺男孩子一起练武？"

木兰心里不服气起来，委屈地说："你们练武，我也练武，咋就只许你们在场子里练，不许我来？"周铁蛋凶巴巴地说："你是女的！童子班不要女孩子，知道不？快出去！"木兰见他如此，受不了这委屈，也来了脾气，倔强地说："就不出去！就到你们场子上练！"周铁蛋见她来了脾气，忽然觉得人家是个女孩子，应该让着人家一些，口气便缓了下来，说："你会个啥，也到场子上练？"木兰不服气地说："会个啥？你们会的，我全会！"

这一下把周铁蛋说笑了，望着木兰说："别吹牛！你没学过，咋会？"

"你咋知道我没学过？不信，我和你比试比试！"木兰的小脸都气红了。

李小宝过来劝木兰："木兰，我知道你脾气犟，是咱镇上有名的犟姑娘。可……比武不能凭犟劲儿，得凭真本事。你没学过武，咋能比得过他？走吧，快走吧，啊。"双手把木兰往场外推。

木兰一甩身挣脱了李小宝的手，瞪眼望着他，"你咋知道我比不过他？我就要和他比！"

"嘿！"周铁蛋觉得奇怪，"不服是不？小宝，让她跟我比，看我怎样打败她！"

木兰拉开架势，向铁蛋儿说："好，进招吧！"

其他的孩子一见，纷纷嚷着："都来看啊！女孩子和男孩子比武喽！"一齐围过来看稀罕。

司马方宣正在给成人班指教，忽然听见童子班这边闹哄起来，扭脸向童子班望来，对周大龙说："孩子们那边吵起来了，别让他们打起来出了意外。走，跟我看看去。"说完带着周大龙朝童子班走来。

孩子们早已围成了一个大大的圆场，都哄笑着，要看输赢。司马方宣来到跟前，从孩子们的头顶上往里望，见一个女孩子在跟周铁蛋比起武来，不由得一惊，向周大龙说："这倒稀罕了，女孩子中竟然也有会武艺的。这女孩子是谁？"周大龙说："是木兰！"司马方宣高兴地说："别声张，看看这个女孩子武艺如何。"便和周大龙一起站在场子外边仔细地看起来。

周铁蛋向木兰说："咱先说下，谁要是挨了打，不许哭，更不许找人家大人告状！"木兰一点头说："好。还有，谁要是输了，不许恼，更不许耍赖不认账！"周铁蛋伸出手指，"咱们先拉钩，后比。"木兰便和他拉了钩，算是订了契约。

木兰重新拉开架式，望着周铁蛋说："出招吧！"周铁蛋说："好，我先给你个'恶熊推山'，你知道咋招架吗？"木兰说了声："少废话！"

铁蛋儿猛一下朝木兰推去。木兰眼明手快，没等他到跟前，便来个"灵猿避险"，一缩身儿从他的腋下躲了过去，然后借着他向前猛扑的力量，来了个"四两拨千斤"，一只手朝他背上顺势一推，周铁蛋的身体失去了平衡，差点儿栽倒。周铁蛋感到十分意外，觉得自己在小伙伴面前丢了脸，便脸红起来，接着便冷笑："别得意！我还有一手！"他站稳脚跟，给了木兰一个扫堂腿。木兰双脚一跃，一个旱地拔葱躲了过去。周铁蛋见她腾得老高，伸出手去，想抓住她的衣服把她甩出场外。木兰看得真切，在空中一脚朝他手腕踢去。周铁蛋躲开，木兰落地。周铁蛋一个"回头望月"，单拳向她打去。没想到木兰用右臂一挡，便把他的单拳挡开了……周铁蛋使出了看家的本领，结果全都被木兰一一化解，他立时束手无策。

围观的人们见木兰如此身手，惊奇地欢呼："好！好！"同时向木兰报以雷鸣般的掌声。周铁蛋见制服不了木兰，心中焦急，一个"饿虎扑食"扑向木兰。

木兰一个"顺手牵羊"，抓住了他的手，然后轻轻一甩。周铁蛋支持不住，被甩趴在地上。木兰一掐腰，自豪地望着周铁蛋，"你输了！"

周铁蛋觉得自己丢尽了脸面，抑制不住要哭。周大龙连忙走上去，对他说："铁蛋儿，好汉不流泪。输了就是输了，没啥丢脸的。古代关云长那么好的本事，不也打过败仗吗？真英雄是不要赖的。"周铁蛋听了他的安慰，站了起来，忽然仰脸憨笑，说："嘿嘿，我输了。"

围观的人们又为木兰喝彩。李小宝不服，向周铁蛋叫道："铁蛋儿，不能服输，再和她比！"周铁蛋坦诚地说："俺俩拉过钩的，真英雄不要赖。"众人见周铁蛋如此可爱，都欢喜地笑了起来。

司马方宣见这个叫木兰的女孩儿使的全是他在童子班教的招数，感到惊奇：她不是童子班里的学生，我教的武艺她不但全会，而且那样娴熟，有的招数还练到了新的境界，这到底是怎么回事？老人来到木兰面前，抚摩一下木兰的头顶，微笑着问："小姑娘，你姓什么？名字是叫木兰吗？"

木兰见武术高师来问她，有些害羞，红着脸低下了头，局促地拽着衣角儿，说："姓花，名叫木兰。"

司马方宣问："今年几岁了？"

木兰答："8岁。"

"你爹是谁？"

木兰见老人问到她的父亲，望着老人不说话。司马方宣明白地笑了："噢，我不该这样问你。孩子说出父亲的名讳是对父亲的不尊，是不是？好懂事的孩子！"

周铁蛋热情地走上来，向司马方宣说："她爹叫花弧，是俺花弧大爷。花弧大爷是俺营廓镇武艺最高的人，去边关打仗还没回来。"

"啊！"司马方宣一听"花弧"二字，陡然一惊，"花弧？"老人回忆着，自言自语，"是的，我倒忘了，分别的时候，他曾对我说，他的村名是叫营廓镇……"他亲切而仔细地望了一遍木兰的长相，自言自语说："嗯，像，真像！"又问木兰，"木兰，你家是不是有一棵木兰树啊？"

木兰惊奇地抬起头来，"是的，你咋知道？"

司马方宣看被自己说中了，高兴地嘿嘿一笑，"那棵木兰树，是我当年送给你爹的！告诉我，你的名字是不是与那木兰树有关？"

大家听了老人的话，都十分不解。

木兰天真而迷惘地望着司马方宣说："不知道，你问我娘去呀！"

司马方宣乐得笑了："哈哈……好好好！你的武艺练得这样出色，是你爹在家时教你的吧？"

木兰摇摇头，"不是。"抬头望一眼司马方宣，又低下了头。

司马方宣问："那么，你是跟谁学的？"

木兰直率地答："跟你。"

"跟我？哈哈！这就怪了。我以前从没教过你，你怎么会是跟我学的呢？"

木兰羞涩地微笑着低下头说："是你天天教童子班的时候，我在场外看会的。"

"嗯？"司马方宣愣了，"世上竟有这样聪明的女孩子！这些男孩子在场上亲自受我传授，还没有你在场外学得出色！"他向身边的周大龙说："这女孩子将来能成大器！"接着又喜爱地拍着木兰的肩膀，"木兰，到武学班来吧！"

木兰脸色木木的，"不。"

司马方宣问："为什么？"

木兰回答："我娘不让。"

"怎么回事？"司马方宣又问。

木兰张了张嘴，欲言又止。

张义兴上来说："啊！高师不知。自武学班成立那天起，这个木兰就闹着她娘替她报名去。她娘嗔怪她说：'傻丫头，世上哪有女孩子学武的？'她问她娘：'女孩子为啥不能学武？'她娘说：'你懂啥！男孩子学武，长大了可以像你爹一样，到疆场杀敌报国。女孩子长大嫁出去只有操持家务，锅台前头转到锅台后头，要武艺有啥用？'"

"哈哈哈！"司马方宣笑了，问木兰，"你娘是这样说的？"

木兰点点头："是。"

张义兴指了一下木兰："这姑娘是镇上有名的'犟姑娘'，不服气她娘的话，倔强地说：'我学了武艺，长大了也要像我爹一样，去杀敌报国！'你看看！"

司马方宣伸出拇指夸奖木兰："嗯，有出息！"

"嘿嘿！可她娘却说她傻，对她说：'自古哪有女子当兵打仗的规矩呀？国家不要女兵。'这下木兰答不上来了，可心里还是不服。她憋着一股气，高师给童子班教授武艺的时候，她没事儿就偷看。"张义兴颇有兴致地说。

司马方宣诧异，"可惜我没留意！"

张义兴又说："她是个有心劲的孩子，高师教的每一个动作，她看过一遍就能牢牢记住。武学班散场后，她就回到家里，避着她娘一招一式地练，直到练熟了为止。凭着她那股犟脾气，竟然练得比参加武学班的男孩子还棒哩！"

司马方宣听了很高兴，竖起大拇指，"好，有志气！我就喜欢这样的孩子。小小年纪就这样志向高远，勤学苦练，若是有人指点，以后准能成为一个出类拔萃的女中豪杰！"

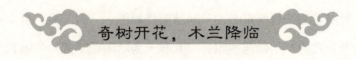

奇树开花，木兰降临

午饭后，司马方宣来到了花木兰的家里，花母一见武术高师来了，慌忙又是搬椅子，又是泡茶水。

司马方宣来到屋里坐下，问花母："你就是花弧的妻子吗？"

花母笑着答道："是的，木兰她爹如今不在家，去边关打仗还没有回来。"

司马方宣点了点头，又问："花弧曾到木兰山学过艺吧？"

花母又笑着答道："是的，那是他年轻的时候。"

"这就对了。"司马方宣满意地微笑起来，"他当时带回来的那棵木兰树现在在哪里？"

花母说："现在后院的花园里。"

司马方宣站起身来，急不可耐地说："带我去看。"

花母和木兰引他出了草堂，从屋子东山墙外绕了一个弯儿，来到了后院。原来花家这座庭院分为前后两节：前节正中是三间草堂左右配有东西二阁，加上前边的门楼，形成了一个四方形；后节比前节更宽阔，右边是一座花园，左边是一个练武场。练武场上栽着木桩，放着两块字石，这字石原来是两块长方体的石头，上面凿的把是供人们用手掂起练气力的，因为上边刻有标志重量的字号，所以取名为字石。那花园里种着一些花草，有一棵碗口粗的木兰树立在中央。

司马方宣望着那棵木兰树，触景生情，满腹的激动之情难以言表。他迈步走到跟前，双手扶着树身，仔细地将树从根到梢端详了一遍，满怀喜悦地发出了一声慨叹："啊，算起来，这棵树该有十八年了……"

花母听了，甚为惊异——他为何了解得这么详细？于是问道："不知您老人家为何知道我家的情况？"司马方宣沉思了一下，颇有感慨地说了一番话。

二十一年前，司马方宣在陈后主陈叔宝殿前做亲侍，因为暗中搭救一位受奸臣诬陷而被判成死罪的清官越狱，被陈后主降旨捉拿，逃到湖北木兰山隐居，从此看破红尘，发誓再不出仕。这时候，一位朋友引荐一名叫花弧的青年男子前去投师。司马方宣见花弧生得五尺身材，虎背熊腰，有一副英雄仪表，且投师真诚，便高兴地把他收了下来。师傅传授认真，弟子学练赤诚，只用三年时间，花弧便出师了。花弧因来山上学艺之前，已由父母作主定下了婚期，双亲嘱咐他三年后回去成亲，司马方宣虽对他钟爱，想留他在山上替自己执掌门户，但念他青春年少，不肯误了他的终身大事，只好忍痛同花弧作别。在送行的时候，司马方宣为表示师徒之情，亲手刨了一棵木兰树苗送给花弧，说道："这是此山中一种独特的根生木兰，只长枝叶不开花。听老人们传说，若要此树开花。除非是栽树人有天大的福气；此树开花之日，也正是栽树人洪福降临之时。我已脱离红尘，只怕再难有这福分。你我师徒一场，今日分别，为师无甚相赠，你就把这棵木兰树移去，栽到你家，等待天赐洪福吧。"

花弧十分感激，双膝跪下，望着师父说道："此树虽小，却寄托着师父的一片情意。我定要不负师父之望，好好把它栽到家中，终生不忘师傅恩情。"当即，花弧拜别师父而出，把木兰树苗儿带回家来。

司马方宣说到这里，花母抑制不住内心的激动："没想到，您老人家，就是花弧的师父啊！"

"是啊，花弧是我心爱的弟子。"

花母连忙向司马方宣拜了三拜，双膝跪倒在他的面前："多多恕罪，怪徒媳不知您老人家到来，冷落了师父。"

司马方宣忙上前一步，弯下腰连连说道："徒媳不必如此，快快起来，快快起来！我原名司马谨，河南温县人，先人乃是三国时魏国的名将司马懿，方宣乃是我下山时怕引人注目，临时更换的名字。这非是你的罪过，实在是你不晓得。"

花母招呼女儿说："木兰，快快与你爷爷见礼。"

木兰听闻，连忙下跪。这一下，把司马方宣乐得合不拢嘴，双手将木兰搀起，"孩子这么小，我还舍不得让她下跪。木兰，快起来！"

花母说："有此小女，全仗师父赐福花家。"

司马方宣问道："这话从何说起？"

花母笑了笑，接着司马方宣刚才的话往下说去。

当时，花弧带着那棵木兰树苗回到家来，将它栽到后花园里。没过几日，花弧便完婚了。光阴一晃过去了十年。十年中，花弧年年施肥浇水，盼它早日长大，有奇花开放。可是一直盼到它长到馒头般粗细，仍然不见它含苞。花弧好奇，到处找花匠想办法让它开花。花匠们也是不解其中缘故，只按一般培育花木的办法，有人进行修剪，有人进行嫁接，个个使尽浑身解数，但始终不见它生苞开花。其实，树木是否开花以及开花的早晚，本是由树木的本性决定，受气候和水土制约，并不随人心所欲，岂是修剪和嫁接所能起作用的？即使嫁接上别的树种的枝条，勉强开出花来，那也不过是别树之花，并非此树本性所为。花弧见无论如何也不能让它开花，便慢慢打消了令其开花的念头。他只相信师父的话，以为自己没有那么大的福分，却不知是因为此树还没长到开花的时候。这年春天，这棵木兰树突然生苞，开出白色的花朵来。花弧见了，真不知如何才好。事情无奇不传。镇上的人们听说花弧家的这棵木兰树开花了，便彼此奔走相告，跑来观看。这个说："花大哥的师父说过，这种木兰树从来不开花的。多亏花大哥四处寻求花匠们施展技艺，竟然使它开花了。"那个说："这哪是花匠们的能耐？分明是花大哥福运降临，这木兰树才自己开花了。"也有人听了笑着摇头，说："非也，非也。如果这种树长在山上从来不开花，栽到咱们这里才开花了，其中定有它的缘故，也并非人的什么'运气'所致。"大家七嘴八舌，见解不一。

也算是无巧不成书。正在这时，花弧的妻子突然在草堂里大叫起来。花弧不知出了什么事，连忙因进草堂，见妻子双手捧腹，直叫肚疼。他上前一问，才知原来是她怀胎期满，到了临产的时辰了。花弧转惊为喜，连忙到外边喊两个有经验的老妇进来。不一会儿，婴儿呱呱落地。老妇隔着门帘儿对花弧说："恭喜了，夫人生了一个千金。"这花弧娶妻正好十年来未生子女，如今妻子给他生了个女孩儿，格外高兴。待老妇把一切料理好，他便连忙进去看。这时候，妻子已在老妇的帮助下，把婴儿包好，抱在怀里。花弧望着女儿那红扑扑的小脸蛋儿，乐得不知说什么好。众人听说花家大喜，纷纷过来向花弧夫妇道喜，都说："木兰开花，喜事就降临了！"一位接生的老妇说："这女儿一降生就临着了一个好兆头。花弧兄弟，我看就叫她木兰吧？"大家听了，都以为这名字起的是再好不过了。众人高兴，花弧夫妻更加高兴。就这样，孩子的名字也定了下来。

司马方宣待花母说完，乐得大笑起来："哈哈……真是段奇巧的故事。其实，这种木兰树到底有没有开花的，我也不知道，我只是听老人们那样说。当时与花弧讲起，也只是希望他以后能多遇吉祥之事，没想到后来的事情竟是如此的凑巧。好好，我们回到屋里说话。"

三人重新回到屋里坐下。司马方宣说道："徒媳，既然木兰是花弧的女儿，我也就不必客气了。这木兰年纪虽小，却有奇才。上午，我亲自见了她的武艺。说实话，那几十个在场内学的孩子，功夫还不如她这个场外学的扎实。她既然如此爱武艺，而且又是这样超人的聪明，何不给她在童子班报上个名，让她放开去学。"

花母笑了笑，说："师傅，不瞒您老人家说，我和你徒弟一生只有木兰和她弟弟两个孩子，怎么不想见他们都成才呢？只是自古以来，平常人家的女孩儿都是以针线为本，哪有女子学武的。"

司马方宣说道："徒媳之言，未免没有道理，但是天行有规，世事无常，什么事情都不要看得太死板。女儿育才，今日无用武之地，安知久后也没有用武之地吗？纵然国家没有用得着的时候，孩子有了本领，遇到危难关头，也好防身护家。以我之见，儿女只要有志，当父母的便当尽其才。至于孩子长大成人后是否能做出一番事业来，那就一要看天时，二要凭所为了，我看你就让她去吧。"

花母听得司马方宣一味地夸奖自己的女儿有才，心下也十分高兴，只是她怕花弧平敌回来以后责备，一时也不敢说出肯定的话来。她说："师父之言，徒媳自当听从，只是她爹爹不在家，我如何做主呢？"

"好一个贤德的徒媳，"司马方宣乐得笑了起来，"你怕我徒弟以后回来责怪，是吧？不要担心，一切都由老夫我承担就是了。"

花母心悦诚服地说："您老人家既然看她有些天赋，那就由师父安排吧！"

木兰加入了武学班，真是如鱼得水。她白天跟孩子们一起学，晚上回到家里，除帮母亲照看弟弟之外，就刻苦地练。司马方宣特别喜欢她，每隔一两天，便抽出一个晚上到家里精心传授。花母见木兰一天天长进，心下暗暗喜欢。但有时细想起来，也禁不住望着木兰，心生无限惋惜：唉，亏了她是个女孩，如果是个男儿，也可继承他父亲那一世英风。

花弧平敌，荣归故里

隋朝疆域北面，善于骑射的突厥壮大起来。突厥王觊觎中原，不断侵犯隋朝的北边境，有一个时期曾突然突破隋朝防线，从燕山地区大举南进，深入隋朝境内，继续南侵，一度进入河北、山东等地，欲夺中原。隋文帝降旨全国募兵，以贺璋为帅，抗击来敌。贺璋熟知兵法，精心用兵，一举将突厥赶出了国门，两军进入相持阶段。突厥王贼心不死，企图卷土重来，隋军在边境布下坚固防线，双方互有攻守，因力量匹敌，各有胜败，但突厥王一直不放弃侵吞中原的野心，隋朝边境的战争断断续续，一直没有终止。

木兰的父亲花弧应征入伍后，凭着自己的武艺和韬略在疆场立功，成了元帅贺璋信任的将军。贺璋任用贤才，隋军经过八年征战，逐渐削弱了突厥的力量。突厥王仍然不服，举全国之兵与隋军决战，双方经过殊死拼杀，各自伤亡惨重，但仍然难决雌雄。隋军元帅贺璋巧妙用兵，自己率主力正面与敌人纠缠，暗中命花弧和赵杰两员大将各率一支劲旅从两翼秘密向敌方迂回，对敌人形成了包抄之势，三面夹击，令突厥大为意外。突厥应接不暇，结果大败，很快溃不成军。突厥王无法控制。隋军组织人马对突厥王包围，突厥王见势不好，一面命人向大将多尔木传令在前面布设埋伏，阻击隋兵，一面在一群将领的护卫下杀出一条血路，逃出重围，隋军随后追赶。将士死力保护，突厥王和将士一起仓皇奔逃，幸亏遇到了大将里木哈达率兵接应，才得脱险。

突厥王一行人马快速转过一个山头，到了安全地带。这时，多尔木赶了过来，突厥王急忙问多尔木："伏兵设好了吗？"

多尔木下马回奏道："设好了，陛下。负责接应的里木哈达将军见陛下已经脱险，也迅速让将士隐蔽在几片洼地的草丛和树丛中。隋军倘若继续追赶，定会让他们吃大亏的，但整个战局要想扭转，只怕不易。"

突厥王见自己的战马浑身汗湿，身边的将士也在仓皇奔逃中盔歪甲斜，狼狈不堪，便说："我们就在这里停下来，等待消息。如果隋军追过来，里木哈达与他们接上仗，我们就迅速绕到隋军的背后，抄他们的后路。"

他们在一片石滩旁下马，两个小卒扶突厥王在一块大石上坐下。

突厥王想起今天的溃败，悔恨得捶胸顿足，无奈地狠狠用手拍了一下膝盖："孤王举兵伐隋，欲夺中原，前后与隋军鏖战了八年，怎奈最后却仍是彻底失败……怎不叫孤王懊恼啊！"

多尔木见他十分沮丧，安慰他说："胜败乃兵家常事，陛下不必懊丧。八年拼杀，隋军也曾被我军杀得一败涂地，我军也曾攻入隋朝腹地……我们现在的失败是暂时的，倘若稍得喘息，便可以重整兵马，与隋军决一胜负。"

"我实在纳闷。"突厥王说，"这次我们眼看就要取得最后的胜利，没想到隋军两支奇兵突出，将我军包围。那两支人马实在凶

第一章 幼年学艺，师徒情深初长成

狠，竟然使我军瞬间溃不成军，战局急转直下……"

多尔木也愁思不解，说："是啊，我也纳闷。不止这一次，以前也曾有过多次，隋军总能在万分危难中天赐转机，不但转危为安，而且反败为胜。可见，我军虽陛下亲自督率亦不能直捣中原，并非陛下不圣明，亦非将士不善战，而是隋朝气数未尽，天不该灭隋。"

突厥王恼恨地说："既然天不灭隋，何生我沙纳尔可汗！"

军师礼沙纳智趋前说："陛下不必懊恼。凭我突厥强大的实力，夺取中原不过是早晚之事。多尔木将军说的对，天时不到。陛下可暂时与隋朝休战。只要我们不坠灭隋之志，卧薪尝胆，暗中厉兵秣马，再图中原，时犹未晚。臣已夜观天象，隋朝的气数离尽已经不远了！"

突厥王激动地抓住了礼沙纳智的手，"真的吗？"

礼沙纳智自信地点着头说："真的，陛下。"

"陛下，"多尔木又说，"军师上知天文，下知地理，观星卜卦，十有十准，一定错不了的！"

"陛下放心好了。"礼沙纳智更加自信起来，"臣以前夜观天象，没有不准的，这次岂能错了？多尔木将军言之有理，胜败乃兵家常事，陛下不必为此气恼。常言说'谋事在人，成事在天'，中原虽好，但天时不到，不可硬取。凭陛下治国之圣明，定会迎来时机，灭隋朝而定中原！"

突厥王想起决战前礼沙纳智曾劝他说时机未到，不要轻举，但他却没理会，不由得有些后悔。他听了礼沙纳智这话，沉思片刻，眼中油然溢出盛气和不服，"好，既然如此，咱们就等待。突厥只要有我沙纳尔可汗在，不夺得中原，死不罢休！众爱卿深知我心，但望共尽忠心，多为孤王献计献策，保孤王以酬宏志。待夺得中原之日，朕一定对你们重加封赏，与孤王共享荣华。"

众人一齐说道："臣等定鞠躬尽瘁，死而后已！"

这时，一匹探马从南面赶了过来，驰到跟前，侦探翻身下马。

突厥王迫不及待地问："前方情况如何？"

侦探说："启奏陛下，隋军怕前方有我军埋伏，停止了追赶，但并没后撤，似乎在防备我军反扑。"

多尔木一听，说了一句："贺璋太狡猾了！是否让小股队伍出击一下，诱他们上钩？"

军师礼沙纳智说："隋军眼下士气正盛，还是谨慎为上。"

突厥王想了一想，对侦探说："抓紧再探。隋军若有新的动向，立即来报。"

"是，陛下。"侦探答应一声，飞马而去。

隋军元帅贺璋与部将花弧、赵杰会合后，驰马登上了一个高坡，然后勒住战马，向北遥望，见突厥兵马逃跑的身影渐渐湮没于远方薄薄的暮色中。贺璋惋惜地叹了一声："突厥逃的真快，一会儿就不见了，可惜又一次让沙纳尔那老儿逃脱了！"

赵杰说："元帅为何下停攻令，何不乘胜追击？"

贺璋摇了摇头："前面山道崎岖，且天色已晚，要防备中了敌人的埋伏。"

花弧点点头，赞同说："元帅用兵恰到好处，'穷寇莫追'。"

贺璋对这次的大胜感到欣慰，说："八年鏖战，双方损失惨重，但我们还是保住了疆土。这次突厥王虽然逃得了性命，但他们几乎全军覆没，料他们今后不敢再轻易兴风作浪！"他望一眼花弧身上的血迹，关切地问："花将军伤势如何？"

花弧笑了笑说："没什么，元帅，回去疗养几日就会好的。"

贺璋歉疚地说："将军带伤受命，本帅本于心不忍。但战机不可误，不得不让你受委屈。"

花弧说："为将者，马革裹尸，又有何憾？值此决战，花弧早将生死置之度外。"

贺璋又问赵杰："赵将军呢？"

赵杰回答说："我没事。花弧将军伤得比我重，恐怕得好好医治医治。"

贺璋感动地望着他们："你们为国家舍生忘死，拼命杀敌，实让本帅感动！本帅一定为你们报功，奏明皇上，为你们讨封赏！"

花弧、赵杰在马上向贺璋一揖，异口同声道："谢元帅恩典！为国报效，乃是我等之责。"

贺璋扭过身来说："传令让将士们原地休息待命，谨防敌人反扑。"

突厥王见已无可乘之机，只好下令北撤。

突厥的这次惨败使突厥王的野心暂时收敛，不敢再南侵，双方战争告一段落。

隋军元帅贺璋令各部将认真统计战功，要对立功将士进行表彰。表彰前他又召集众将，命中军宣读了功劳簿后，对大家说："众位将军，是否还有补充？"众将都说没有了。贺璋望着众人说："好。既然没有遗漏，将照此表彰。之后本帅将写奏折上奏皇上，为众将军讨封赏。"

众将都欢喜地说："谢元帅！"

这时候，营门守将忽然走进帐来，禀报贺璋，突厥王派使者到来，贺璋命突厥使者进见。众将立刻肃立两旁，帐中的气氛严肃起来。

一会儿，突厥使者被带进帐来，一见贺璋便立即下跪，"叩见隋朝大元帅。奉我王沙纳尔可汗之旨，书呈大元帅亲览。"

中军接书呈予贺璋。贺璋接书，仔细观览，见是突厥王的求和书，不由得心中暗喜，但却不喜形于色，庄重地向突厥使者说："你们的沙纳尔可汗终于恳请罢兵修好了。早知如此，何必当初？你回去禀告沙纳尔可汗，大隋朝一向愿与邻国修好，但也不怕侵犯。突厥若再敢犯我边境，我朝定将突厥踏平。和约细节，待来日双方派使节议签，去回复吧。"突厥使者急忙施礼，"谢大元帅。"

突厥使者走后，贺璋感慨地向众将说："众位将军，八年抗战，如今胜败已见分晓。边关平定，全靠众将率部鼎力拼杀。全军上下同仇敌忾，众志成城，方有边关今日之平定啊。"

众将都感慨地说："元帅运筹帷幄，身先士卒，实是我等表率！"

贺璋命摆酒庆贺，大家开怀畅饮，欢庆胜利，直到天晚。

花弧和赵杰的伤通过医治已经痊愈。边关平定，贺璋奏明朝廷，文帝降旨，准许将士归里。

这天，花弧和赵杰一起向贺璋请求归里。贺璋眼望两人，感慨万千，说："想你们初来军阵时，是那样年轻。多年戎马，你们替本帅操劳，如今已是伤痕累累、白发入鬓了。本帅回朝，一定要为你们讨得应有的封赏。"

花弧感激地说："元帅，花弧本是一介武夫，蒙元帅厚爱，才有用于国家。花弧自知不是为官之才，元帅若能准末将解甲归田，末将就感激不尽了！"

赵杰也说："花将军说的是。末将也是此意。"

第一章 幼年学艺，师徒情深初长成

贺璋郑重地说:"待本帅回朝奏明皇上后再说吧。文帝奖励立功将士的圣旨已下达到各州、郡。我命人为二位将军办一个立功凭证,你们可先到所属郡府报到,郡府长官会将你们的军功对应圣旨安排待遇。"

一切手续办妥,花弧和赵杰辞别贺璋和同事们,一路同行,还归故里,贺璋组织将士为他们欢送。

两人别了军阵,一同策马还乡,回想起几年的戎马生活,不胜感慨。说起无数将士为国捐躯,长眠于疆场,两人都为自己能平安归里感到荣幸,同时也为保卫国家尽了责任感到满足。

两人一路晓行夜宿,这天到了梁郡,一同来到郡府。梁郡郡守上调,郡丞刘秉泰代理郡守。刘秉泰热情地接待了他们,将他们的立功凭证对照文帝圣旨,各授予他们闾正之职。官职虽然不大,但管理百家政务,当时在县以下也是最大的官员了,两人不胜感谢。刘秉泰将委任状交给他们,于郡府置酒款待,之后亲自为他们送行。

两人出了郡城,要分手时,花弧诚邀赵杰说:"贤弟,我俩一同从军,在军中八年,情同手足,贤弟就随愚兄到我家住上几日,愚兄略备薄酒,草堂一醉,叙咱们兄弟并肩作战的友情,倒也爽心啊!"

赵杰向花弧一揖说:"多谢大哥盛情!小弟家中还有妻子老小,小弟先回家看望一下,然后再到营廓镇拜访。"

花弧说:"也好。"两人互道珍重,各自踏上了回家的路程。花弧驰马眼望着营廓镇方向,不由得想起了妻子儿女,心想自己几年不在家,他们母子还不知景况如何……于是归心似箭,不住地催马。

营廓镇武场上，人们正在练武。司马方宣手提三副草药从场外走来，望着场内唤道："木兰，木兰。"

周铁蛋告诉他说："司马爷爷，木兰在家照顾她娘呢。"

司马方宣心想，花弧不在家，木兰娘有病，木棣幼小，里里外外的担子都放在木兰这个十几岁的姑娘肩上，也真难为她了。他对周铁蛋说："铁蛋儿，这是木兰让我给她娘从集上捎来的药，你替我给她送去。"

正在这时，木兰来了！

已经十六岁的木兰，出落成了一个漂亮的姑娘。在司马方宣的精心传授下，她练就了一身惊人的武艺。只是母亲的病还没有全好，她整天忧心。

司马方宣望见了木兰，说："木兰，这是你让我给你娘代取的药，正说让铁蛋儿送去哩，你娘的病怎么样？"

木兰接过药包说："多亏爷爷和众人帮忙，为我娘请医、抓药，我娘好多了。爷爷，明天是我娘的生日，我爹不在家，家里没啥好东西给她老人家做寿，我想到村外打猎去，打些野兔啥的，好给我娘过生日。"

司马方宣听了，满意地望着木兰，点了点头："好孝顺的孩子，你把药送回家就去吧。"

周铁蛋连忙说："爷爷，不能让木兰一个人去。你没听说有一群土匪不断在周围祸害百姓吗？要是遇上土匪欺负她，她一个人怎么能行？让我也去吧。"

司马方宣立即想起，自新来的徐县令上任以后，赋税苛重，百姓怨声载道；而且有一些官家恶少不断出来祸害百姓，近来不断听说周围村庄遭劫，只是因为营廓镇有一个名声远播的武馆，被外界

27

第一章 幼年学艺，师徒情深初长成

传得神乎其神，贼匪才不敢前来造次。他正要答应周铁蛋，一群孩子围了上来，都请求要与木兰一起出外打猎，为木兰娘过生日。司马方宣想了想，说："好吧，难得你们如此懂道理。多打些猎物，也好让你们花大娘好好补补身子。"

孩子们一听，欢呼跳跃着跑开，各自准备，随后跟木兰一起打猎去了。

第二章

花弧回乡，惹怒县令遭陷害

　　花弧回到家中，却无意间惹怒了县令的儿子，由此引发了一系列的风波。对于一个贪赃枉法，意图谋反的县令，花木兰做出了相应的抗争，并最终取得了成功。

土匪扰民，惩恶扬善

　　田间大道上，花弧策马前行。来到一个村边，忽然发现路边有一具死尸，死尸边放着讨饭篮、讨饭碗、讨饭的打狗棍。他心里一震，立即下马，用手摸了摸死尸。死尸已经冰凉。他想，没听说家乡遭荒旱，咋能饿死人呢?

　　这时候，一群乞丐从村里走出来，一看见他，立即围了上来，一起跪下乞求："老爷，可怜可怜我们，施舍一些吧!"

　　花弧连忙过去搀扶他们，"乡亲们，快请起!我可不是'老爷'，也是老百姓。请问众位乡亲，家乡未闹天灾，乡亲们为何食不饱腹，出外乞讨，还有人饿死?"

　　众乞丐站起身来，告诉他，这里虽然没闹天灾，可闹了人灾。本县太爷徐威显自到商丘县上任以来，巧立名目，搜刮民脂民膏，外加的赋税多如牛毛，乡亲们不堪重负，于是壮者飘零他乡，老弱病残只好四处乞讨，还有人被饿死。乞丐们还告诉他，徐威显的儿子徐虎更是一只残害百姓的虎狼，不断带着一群恶少下乡，敲诈百姓，糟蹋民女，比土匪还可恨。乞丐们都说，遇着这样的县官儿，老百姓真是无法活下去了……

　　花弧听了，心里难受。身上银钱虽然不多，也分给他们一些。

　　正在这时，一群人马从远方耀武扬威，飞驰过来，马蹄声令人惊恐。

　　一个乞丐说："不好了，又是徐虎带人下乡祸害百姓来了，乡亲们又该遭殃了！"

乞丐们惊慌地寻找地方躲藏，并招呼花弧快躲起来。花弧眼望徐虎的人马，不禁愤慨，暗想，他来得正好，我今天就教训他一下，让他知道天理王法！

说话间，徐虎带着一群恶少冲到了跟前，扬起马鞭，大声呵斥众乞丐和花弧："闪开闪开！不闪开，被马踏死勿论！"众乞丐急忙躲开。

花弧见徐虎气焰如此嚣张，暗想，我倒要看看他是怎样作恶，便牵马为他们让道。

徐虎带着恶少们呼啸而过，转瞬间闯入了前面的村庄。

乞丐们见徐虎等人过去了，便从躲藏的地方走出来。花弧向乞丐们问："徐虎是什么人？"乞丐们告诉他，徐虎是新任县令徐威显的儿子，人称"徐衙内"，近来不断带领一帮恶少到乡里抢劫，闹得百姓惊恐不安，乡亲们都说他们是土匪。花弧望着闯进村去的徐虎暗想：徐太爷的公子这样为害百姓，难道徐太爷不知道？也许是徐太爷太忙，对儿子疏忽管教，徐虎背着他和一帮恶少胡作非为。如此，岂不毁了官府声誉，继而造成百姓对朝廷埋怨？这样下去，让百姓如何拥戴朝廷？我如今已是闾正，不能眼看着此事不管。他又向乞丐们问道："前面这个村庄是什么村？"乞丐们告诉他是周庄。花弧突然想了起来，此村就是周庄，只是自己离乡几年，记不得了。周庄离营廓镇只有三里之遥，郡上刘老爷委托我为营廓镇的闾正，我若眼看这里出事不管，如何向刘老爷父代？于是，他告别乞丐，立即上马，赶上前去。

徐虎带领恶少们进村后耀武扬威，横冲直撞，弄得街两旁鸡飞狗跳。村民知道惹不起他们，吓得纷纷躲避。徐虎望着眼前一片惊乱景象，乐得哈哈大笑。

管家望着他，哭笑不得。他已经跟着徐威显做了十几年管家，深得徐威显信任。徐威显知道自己的儿子是个不省事的货色，这两天下乡催逼赋税，把徐虎交给了他，嘱咐他对徐虎代为管束。而徐威显一不在，徐虎就像是一匹脱缰的野马。管家一是不敢管束徐虎，二来他也知道即使管也管不住，但又不能不把徐威显的嘱托应酬下来。徐虎纠集一帮恶少出来，他生怕徐虎闯祸，不得不跟了出来。

徐虎向众恶少说："看，这不比打猎更开心吗？"说罢又哈哈大笑起来。

恶少们连忙点头附和："还是少爷有见识。"

徐虎高兴地说："跟着我徐虎，不会让你们少捞油水，弄个女人玩玩也是小意思。以后我家老头子的大事成功了，你们都跟着我弄个大官做做！"

花弧在后面对他的话听得清清楚楚，不由得大惊：他竟然这样无法无天，还要强抢民女，这还了得！他说的"老头子"一定是徐太爷，除非徐太爷意欲造反，改朝换代？不然他怎能有这样的想法……想到这里，他更加吃惊：难道徐威显真的有谋反之心？

管家见徐虎嘴上没有把门的，差点儿把徐威显的秘密给撂了出来，连忙摇手制止他说："少爷，不要胡说！"

徐虎却不知轻重，哈哈地笑着说："怕什么？这都是我的弟兄，坏不了事的。"

花弧听了这话，觉得徐虎不是无故妄说，是不小心说出了徐威显的秘密。他想，事情重大，我必须设法探个清楚。

管家见徐虎毫无顾忌，便好言劝徐虎说："少爷，你该乐的也乐了，咱们到此为止，还是到野地里打猎去吧。万一闯出祸来，不好收拾的！"

"闹出祸来怕什么？"徐虎没有完全理解他的意思，一点也不在乎，"在咱们县，谁敢把我怎么样？"接着便向恶少们说，"大家不要怕，只管开心。你们看，前面鸡飞狗跳人乱跑。走，看看去！"说罢飞马向前而去，恶少们立即跟了下去。

管家连忙阻止恶少们："喂，都回来！少爷，那边没什么好玩的。老爷该回府了，快回去吧！"

徐虎和恶少们却没有一个听他的。管家唉声叹气，一筹莫展，无奈地在心中骂道："一帮'蠢货'！"

花弧催马赶到了管家跟前问："请问，你是何人？怎么停在了这里，不往前走了？"

管家望了望他，见他威威武武，不像一般人，便提防起来，疑惑地问："你是……"

"啊，从军回来的。"花弧回答着，两眼不住地朝前面的徐虎和恶少们望。

管家一惊，随即便意识到事有不妙，生怕刚才徐虎的话被他听见了会惹出大事，连忙赔笑说："啊！老哥，前面这一群孩子是闹着玩呢，不必当真。人常说'多一事不如少一事'，既然是从军回来的，家里人盼望你回来一定望穿了双眼，还是赶快回去与家人团聚吧。"

花弧听出他心里有些害怕，又问："你到底是什么人？"

管家怕一暴露自己的身份便把徐虎的身份也带出来了，不想回答。他想把花弧劝走，含糊地说："啊，我是来唤他们回去的。老哥，孩子们玩耍，你管他们作甚？还是快快回家与家人团聚吧！"

花弧听出他没说实话，便说："他们都这么大的人了，不能说是不懂事的孩子。我看他们不像是好人，要看看他们到底想干什么！"

管家一听，更加担心，连忙上前拦住他说："老哥呀，那的确是一群孩子闹着玩呢，不会做什么坏事，你放心就是，不要管他们，快回家吧！"

花弧笑了笑说："你想息事宁人，像是个好人。你放心，只要他们不干坏事，我是不会管的。但他们要是做坏事，我一定要管！"

管家只好说："他们是一群淘气的孩子，他们的爹娘都管不了，你更管不了的！操闲心惹闲气，何必呢？算了算了，他们的事有我呢，老哥快回家去吧！"

"我可不是操闲心、管闲事。"花弧郑重地说，"这里百姓的安危祸福，都与我有干系，我不能不管。"

管家着急起来，"老哥，你从军刚回来，既不是保长，又不是闾正，与你有什么干系呢？回去吧，回去吧！"

花弧告诉他说："我虽不是这里的保长，但我现在已经是这里的闾正，这里百姓的安危祸福，怎么能与我没有干系呢？我要是不管，出了事我要承担失职之罪的！"

管家一听他说是这里的闾正，陡然一惊，转而却有些不相信地问："老哥不是说刚从军回来吗？怎么……"

花弧直爽地告诉他："我已经到郡府去过了，郡里刘老爷根据文帝圣旨，委任我为这里的闾正，我无法推脱。闾正虽然算不得什么官，但既然承担了下来，就不能不尽职啊。"

管家这才相信他不是说谎，忙问："老哥是哪里人？尊姓大名？"

"不敢。在下姓花名弧，家住东边不远营廓镇。"

管家肃然起敬，连忙施礼："哎呀，原来是花将军。在下有眼不识泰山，失敬！失敬！请花将军恕罪。"

　　花弧眼看前面的徐虎和恶少们跑得远了，说："走，咱们一同过去看看。"管家不得不听从，暗想，少爷今天要把事惹大了！

　　徐虎和恶少们正往前闯，面前忽然出现一群百姓。徐虎以为他们要拦路，便向恶少们喊道："有哪个不要命的敢来阻挡，就给他点颜色看看，打伤了、打死了，都没你们的事儿，"一拍胸脯，"有我呢！"

　　后面跟上来的管家听见了，吓得心里直跳，连忙向徐虎喊道："少爷，停下！停下！"

　　徐虎不理他，一直朝前冲去，前面的百姓立即为他让开了路。众恶少跟着赶了上去。

　　前面的路边是一所草屋，两只鸡正在路上找食，一见人马冲过来了，吓得乱叫着向外飞逃。徐虎手指着鸡，命令恶少："快射！快射！别让它跑了。"

　　一个恶少发了一箭，却没有射中。

　　一个白发苍苍的老奶奶慌忙从茅屋里跑了出来，扬着手大喊道："不要射，不要射，这是我的鸡，是我的鸡！"

　　徐虎哪会理她，向没射中的恶少训斥说："真没用！"说着便张弓搭箭，向鸡瞄准。

　　管家连忙向徐虎大喊："少爷，住手！住手！"

　　徐虎仍然不理，一箭射去，那只鸡立刻中箭，惨叫了一声，在地上挣扎了几下，死了过去。

　　老奶奶一见，没命地向鸡跑过去，抱起死鸡痛哭："我的鸡呀……"

第二章　花弧回乡，惹怒县令遭陷害

35

徐虎命令恶少："去，把鸡夺过来！"恶少们就上去向老奶奶夺鸡。老奶奶死不撒手，拼命地喊着："你们不能拿走我的鸡，我还得等它下蛋交鸡犬税哩呀……"徐虎一脚把老奶奶踩倒在地上，凶凶地说："老不死的！不要命了是不？鸡已经死了，还下什么蛋？"伸手把鸡从老奶奶手里夺了过去。老奶奶大声哭喊起来："你们凭啥射死我的鸡，连死鸡也不给我呀……"徐虎一拧脖子，"凭啥？凭少爷我一时高兴！"老奶奶哭着说："我就靠这几只鸡下蛋顾命的呀，还得交鸡犬税，你们射死拿走了，叫我咋活呀？"徐虎恶狠狠地说："我管你咋活呢！"

这一幕，花弧看得清清楚楚，对徐虎和老奶奶的对话也听得清清楚楚。管家料想花弧不会和徐虎罢休，吓得急忙赶上去，翻身下马，边向徐虎使眼色边说："少爷，快向老奶奶道歉，答应赔她鸡钱。"

花弧见管家赶上前劝说徐虎，便停在了几十步远的地方，看徐虎到底怎么样。

徐虎见管家一反常态，吃惊地将脖子一拧，"你今天是怎么了，老是管我？"他把鸡交给一个恶少，让他装进布囊，说，"带回去烹了下酒。"

管家制止不住徐虎，气得说不出话来。

老奶奶破口大骂："你们这帮禽兽！我老婆子和你们拼了！"随后扑上去，抓住徐虎，厮打起来。

徐虎扬起拳头要打老奶奶，花弧再也忍耐不住，朝徐虎炸雷般大喝一声："住手！"

正要行凶的徐虎被这一声暴喝震得惊了一下，拳头停在了空中，没敢落下，扭头一望，见是刚才在村外路边见到的那个陌生人，便望着花弧轻蔑地一笑说："还真有管闲事的！"

木兰和周铁蛋、李小宝等一群小伙伴打了半晌猎，打得几只野兔，最后追一只野兔，追到这里，忽然远远地听见这里有人哭叫，有人暴喊，便停住了脚步。

周铁蛋说了一声："那边有人在打架。"木兰说："不是平常的打架，像是土匪在抢劫，那个被打的老人像是咱村的五奶奶。走，看看去！"

一群孩子便放弃追赶野兔，风风火火地赶了过来。到了跟前，见徐虎正举拳要打五奶奶，木兰和周铁蛋向徐虎大喊："土匪，快住手，不许打人！"

徐虎扭脸一看，见从远处又过来一群孩子，便不理花弧，朝孩子们骂道："哪里来的野孩子？骂谁是土匪呢？"

木兰冲上前说："你不是土匪，为何抢人家的东西，还打人？"

徐虎见木兰是个十五六岁的漂亮女孩儿，奸笑起来，"嘿嘿，过来个嫩妞儿！咋着？看少爷我射鸡射累了，想犒劳犒劳本少爷吗？"

没等木兰开口，周铁蛋立即怒火上升，忍耐不住，朝徐虎骂道："放你娘的屁！回家让你妹妹犒劳你去吧！"随即向木兰说，"木兰，你站开，让我收拾他！"将弓箭交给李小宝，就要上前。

李小宝把弓箭交给另外的伙伴，一捋胳膊，"我也去！"

木兰拦住他们，说："不要冲动，先跟他讲理。"她怒眼瞪着徐虎说："你是哪里的狂徒，仗的谁的势力，敢这样撒野？"

"哈哈哈……"徐虎咧嘴笑着，"好漂亮的妞儿啊！还会骂人哩！美人骂人听着也舒服，再骂少爷几句，让少爷听听！"

这时花弧已赶到跟前，再也压抑不住心中的气愤，伸手抓住了徐虎的衣领，怒斥道："你这畜生！举手打人，张口骂人，你爹娘是怎么教育你的!"

徐虎死力挣扎,却挣不脱花弧的手,瞪眼望着花弧,着急地嘶喊:"你敢这样对待本少爷?"

花弧怒眼逼视着他说:"这样对待你是轻的!似你这样的畜牲生,早该掌嘴!"

管家连忙上来为徐虎求情说:"老将军,你消消气。他年轻,别跟他一般见识。"

木兰怕恶少们再打五奶奶,上前将五奶奶救到一边,交给小伙伴们保护,然后面对徐虎,用手一指,严厉地说:"说!你是哪里的狂徒,竟敢跑到这里撒野?"

徐虎被花弧揪着衣领挣不脱,却仍然傲慢地说:"你不问也罢,免得我说出来把你吓死。"说着仍然极力想从花弧手里挣扎出来。

花弧气愤至极:"你这畜生,我看你是吃了熊心豹子胆了!"

管家又连忙向徐虎央求:"少爷呀,赶快认个错吧!"用手指着花弧,"这是这里的闾正。"

徐虎先是一惊,转而便不在乎地狞笑一声,"闾正怎么着?"转脸向恶少们说,"弟兄们,把这妞儿给我拿下,绑了带回去,今夜让少爷过过瘾。"

花弧实在怒不可遏,揪着他用力向外一甩,像甩一只小鸡一样,把徐虎甩出好远。徐虎在地上身不由己,接连打了几个滚,滚了一身泥巴,最后趴在了地上。花弧仍不解恨,朝徐虎怒喝道:"无耻的畜生!难道不知有王法吗?再要发狂,我就把你送县衙治罪!"

徐虎从地上爬起来,斜楞着眼说:"王法?送县衙治罪?你也不看看本少爷我是谁!你打了本少爷,你不去县衙,今天我也要把你绑到县衙去!"命令恶少们说,"快,一齐上,把这老家伙和这妞儿给我一起绑了，带回城去！"

木兰早就气得难以忍受，听了徐虎说这话，上前对花弧说："闾正大爷，这小子太不知天高地厚，让我来管管他！"说着就要冲向徐虎。

周铁蛋连忙说："木兰，你不要上，我上！看我怎样揍扁他！"说着一挥拳头，朝徐虎冲去。

花弧听人叫了一声木兰，连忙扭脸向木兰望去，见果然是女儿木兰，便激动地叫了一声："木兰！"

木兰这才觉得这声音十分熟悉，不禁大吃一惊。她似乎不相信自己的耳朵，急忙去望花弧，见果然是父亲。刚才她和小伙伴们只顾与徐虎理论，谁也没想到是花弧回来了。她不禁十分惊喜地叫了一声："爹！没想到是您老人家回来了！"急忙扑向了花弧。

小伙伴们一见果然是花弧，也一齐拥了过去，七嘴八舌地喊："花大爷！"

周铁蛋刚冲到徐虎跟前，一听站在跟前的闾正是花弧，惊讶地止住脚步，回头一看，认出果然是花弧，也急忙回身扑上前去，叫一了声："花大爷！"

徐虎见周铁蛋折了回去，向周铁蛋逞起威风来，喊道："回去干啥？有种你过来！"

周铁蛋回头一望他，用手一指说："你等着，一会儿我就揍扁你！"

徐虎望着花弧说："原来你们都是这村上的刁民，还冒充什么闾正。不把你们绑到县衙治罪，我就不姓徐！"

管家连忙上来制止他："少爷不要胡说！这是刚从军回来的花弧将军，真的是现在的闾正。"

徐虎仍不把花弧放在眼里，"我不管他是谁，他打了本少爷，我就要把他带走！"

木兰见他这样污辱父亲，哪里能忍，不管三七二十一，飞步上前，伸手朝徐虎嘴上就是一巴掌。徐虎躲闪不及，结结实实地挨了一下，于是气急败坏，要向木兰还手。周铁蛋等一帮小伙伴一齐冲了上去，眼看徐虎要挨一场暴打。

管家一见，不得不把徐威显的牌子亮出来，央求花弧说："老将军不知，这是本县县令徐太爷的公子。看在徐太爷的面上，老将军就让大家饶了他吧！"

花弧一听他是徐威显的儿子，连忙制止孩子们说："孩子们不要动手！原来这是徐太爷的公子。回头我去见徐太爷，让徐太爷好好教训他。"孩子们才停了下来。花弧又向徐虎说："你既是县太爷的公子，说话怎么这样粗野，这样危害百姓？"

徐虎挨了打，憋了一肚子恶气，说："危害百姓？还没有人敢在本少爷面前这样说话！什么'危害百姓'？本少爷我高兴！怎么着？"

管家急忙上去一拉徐虎，怯怯地说："少爷，你少说几句吧！"

徐虎一甩手将他甩开，面对花弧说："老家伙，我们可不管你年纪大小，打死了可不偿命。"说着向同伙一挥手，"来呀，弟兄们一齐上，教训教训他们！"

众恶少欲要上前，木兰和周铁蛋、李小宝等怒不可遏，一挥拳头朝向了恶少们，恶少们畏缩起来。周铁蛋向着徐虎说："反了你了！你敢向我花大爷动手，看我们不活剥了你！"

花弧对孩子们说："孩子们，不要动手。这帮狂徒，不值得咱们与他们理论。我们先回村去，回头我找徐太爷去说。"

管家顺着花弧这话，连忙让徐虎趁机下台，向徐虎说："少爷千万听我一句话，一切到此为止，谁也不要再说什么了。"怕徐虎不听，接着又向徐虎附耳说了一句，"好汉不吃眼前亏！"

徐虎听了话，才有些清醒，估计打起来自己也沾不了光，只得作罢，用手摸一摸还在疼痛的脸，最后发了一声嘘："你们等着，看我回去怎样让人到村里去抓你们！"

周铁蛋回应说："敢进我们村，当心我们把你的脑袋揪下来！"

花弧一拉周铁蛋，"别理他们，回头我去县里再说。"说罢又走到五奶奶跟前，掏出几枚铜钱递给五奶奶，说："五婶，我钱不多，你收下，顾顾生活。回屋去吧，回头我会为你出气的。"然后，让孩子们扶五奶奶回屋去。

管家生怕徐虎再不知好歹，立即拥着他向外走。恶少们正巴不得立即收场，哪里敢再迟延，拥着徐虎上马，灰溜溜地走了。

一块风波虽然就此平息，但徐虎却誓不甘休。

县令训子，密室谋反

花弧和孩子们一起回村。孩子们欢欢喜喜地簇拥着他，一会儿问他边关的情形，一会儿向他说家乡的变化。花弧见孩子们几年不见都已长大成人，心中欢喜。尤其是想起自己离家时木兰身材还不到他胸脯高，如今却长成了比他矮不了多少的大姑娘，周铁蛋、李小宝一帮孩子也都一个个由不大懂事的顽童快要长成了小伙子，虽然还是满脸稚气，但说起话来却颇有大人的气度，他为营廓镇一代新人的成长而高兴！

木兰告诉他司马方宣现在营廓镇。花弧一听，十分惊喜，问起司马方宣怎么来到了这里。孩子们七嘴八舌地告诉他当年司马方宣怎样神不知鬼不觉地来到了他们的武场上，怎样做了营廓镇武馆的教师爷，木兰怎样加入了童子班而且成了武馆里武艺最高的几个人中的一个。花弧听了更加高兴，想起木兰面对徐虎及一帮恶少毫不畏惧，说话沉着，在忍无可忍的情况下对徐虎出手是那样迅雷不及掩耳，觉得女儿如今的武艺和胆识实在出人意料；又想起周铁蛋、李小宝等人在气焰那样嚣张的徐虎和恶少们面前表现出的英雄气概，觉得真是应了人们常说的"长江后浪推前浪，世上新人赶旧人"。

周铁蛋激动地望着他说："幸亏我们今天和木兰一起打猎来了，不然怎能与你老人家相会呀！"孩子们都感慨地说："就是！多亏木兰明天要为花大娘过生日。"

花弧这才明白，木兰是为了给她娘好好过生日才出来打猎的，孩子们也都是为自己老伴的生日帮木兰打猎的。他觉得木兰真是个孝顺女儿，孩子们也都是这样的善良懂事，对自己的家人这样厚待。他心里一阵感动，问木兰："你娘身板儿还好吧？"

木兰脸色惭惭地说："还好。只是为我和弟弟操劳太重，生了一场病。多亏司马爷爷和乡亲们帮忙请医、抓药医治，如今已经好了。"

花弧一听，心中不禁对司马方宣和乡亲们涌起一股感激之情，同时也担心起老伴来。木兰又说："司马爷爷就是为了能给我娘多打些猎物补养身体，才答应铁蛋哥他们随我一起来的！"

花弧心情激动，恨不得立刻见到司马方宣，说："走，快回村，早点与你司马爷爷相见！"

孩子们拥着花弧回到营廓镇。村人们听说花弧荣归，一拥而出迎接。大家相见，欢天喜地，说不尽的思念和感慨，喜成一团，乐成一团。

花弧一见司马方宣，急忙上前跪倒，向司马方宣问好。司马方宣欢喜地上前将他扶起，乐得胡须乱抖，"徒儿不必多礼！你疆场立功，师父感到十分荣耀！"

张义兴欢喜地跑上去，和花弧激动地抱在一起，两眼望着花弧，感慨地说："兄弟呀，家里人天天都盼望边关早日平定，迎你回来呀！"花弧更是感动地说："我也是盼着这一天啊！感谢大哥、师父以及乡亲们对我一家照顾！"张义兴紧紧地拥抱着他说："你在疆场出生入死，还不是为了国泰民安，我们能过上太平日子。比起兄弟来，做点事又算什么呢！"

大家簇拥着花弧回到家里。小木棣正在屋里陪母亲，听见外面有父亲和姐姐说话的声音，连忙从屋里跑了出来，一见父亲便欢喜地大喊起来："我爹回来了！我爹回来了！"接着飞也似的跑向花弧，双手抱住了花弧的腿，亲切地叫了一声："爹！"花弧见小木棣也长这么高了，双手抚摸着木棣的头，乐得心花怒放。

病情初愈的木兰娘听见木棣的喊声，喜出望外，连忙披衣起床，走了出来，木兰连忙跑上来搀扶母亲。木兰娘望着丈夫，激动得眼泪流了下来，欢喜地说："我这次做的梦真灵，梦见你回来了，你就真的回来了……"

一家人团聚，其乐融融。木兰娘见孩子们打来了几只野兔，连忙对木兰说："木兰，快把兔子拾掇拾掇。乡亲们都来了，招待大家在咱家吃顿饭！"

大家也不客气，几个人一起动手剥野兔，知道木兰家吃用不宽余，留两只放着给木兰娘补身体，不少人回到家里把好吃的东西拿了来。花弧掏钱让木兰到酒店里打了一坛酒，大家欢欢喜喜地与花弧一家吃了一顿团圆饭。

饭后，人们说了些向花弧夫妇祝福的话，便向他们告别，回家办自己的事。

司马方宣、张义兴、周大龙、周铁蛋和李小宝没有走。司马方宣和张义兴、周大龙向花弧询问荣归的经过，花弧向他们说了去郡府受到刘秉泰热情招待和被委任为闾正一事，大家听了，都高兴得不得了。张义兴说："咱这里几年都没有闾正了，官府的人到咱们这里想怎么敲诈就怎么敲诈。这下好了，花弧兄弟做了闾正，他们总不敢像以前那样毫无顾忌了！"

花弧向他们说起了遇到徐虎带着一帮恶少行凶和他们教训徐虎的事。周铁蛋说："那小子还说要到我们镇上抓人。他们要是敢来，非打他们一个屁滚尿流不可！"

深谙世事的司马方宣听了，觉得这事情不可小视，告诫他们："可别当这事是小事。徐威显不是什么好官，他们说不定会生出什么事来。我看，徐虎回去一定会恶人先告状。反正花弧早晚要去见徐威显，不如现在立即到县里向徐威显禀明此事，别让他完全听了徐虎的。能不出事，还是不出事好。"

张义兴十分赞成司马方宣的意见。于是大家商议商议，决定让周大龙、周铁蛋和李小宝跟随花弧一起到县里去。木兰也要去。花弧说："女孩子家就不要去了。"司马方宣想了想说："让她去吧，见见世面也无妨。"木兰便和他们一起去了。

一行人到了县衙，徐威显下乡催缴赋税还没有回来。花弧问衙役徐威显何时能回，衙役却说不清。

他们哪里知道，徐威显现在正匆匆驰马于去黄河岸边刘家渡口的路上。

原来他正在乡下找民间小吏催逼赋税，忽然一个留在县衙的衙役带着一个骑马的人来找他。原来那骑马的人是他姐夫——尚书仆射杨凌素的差役。他不由得一惊，暗想：我姐夫在京城，为何差人千里遥远来到这里？

差役将杨凌素的一封密信交给了他。徐威显怕人知道了他与杨凌素的秘密，屏退左右，开封取出信来一看，信的内容只有一句话："愚兄已到刘家渡口，在客店等待贤弟，速来。"

徐威显见信上未透漏其他任何信息。他做贼心虚，不由得心生疑窦，顾虑重重，向差役询问杨凌素为何事离开京城，来到这里，让他前去到底为着何事。差役只回答说："大人不必多问，去了便知道了。"

徐威显感到有一种不祥之兆，心想：杨凌素来的如此诡秘，难道是他那边出了什么意外？他觉得情况实在异常，顿时便想了许多许多，十分担心他们要举事的秘密暴露，不禁慌恐。

差役不知他在想什么，催他说："请大人快动身，只怕我家老爷等得急了。"

他听了更加惶惶不安，不敢怠慢，立即带两个心腹，随差役一起去了刘家渡口。他一路走着，一路在心里暗暗祈祷：但愿不是出了什么事……

徐威显惴惴不安地来到客店，差役将他领进一个房间。

房间里坐着一个五十多岁、胖胖的身材、颔下一绺花白胡须的人。他一眼便认出是他的姐夫，尚书仆射杨凌素。见杨凌素穿了一身淡青色半旧便服而不是官服，他心里顿时咯噔一下，闪念间想：我姐夫微服秘密前来，难道我们的事情真的暴露，他到此逃难来了？他胆战心惊地向杨凌素施了一礼："姐夫大人，一向可好？"

杨凌素立刻站起相迎，说："罢了，贤弟可好？"

徐威显见他表情从容，稍稍心安，说："小弟时时想念姐夫大人呢！"

杨凌素微微一笑说："我也时时地想念你呀！"

两人心有灵犀，都知道对方"想念"的原因是什么。徐威显仍然放心不下，以半带询问的眼光望着杨凌素。

杨凌素立即让侍从回避，两人便密谈起来。

徐威显迫不及待地问："姐夫为何千里遥远到此，而且行动诡秘？"

"啊！"杨凌素悄声一笑，"贤弟不知，我心里总是挂念你这里的事，我对你寄予很大的希望。我这次是告假回籍探亲，因为不放心，半路拐到这里邀贤弟一叙。怕仪仗招摇，暗惹是非，才微服秘密到来。"

"啊……"徐威显这才明白了，心想原来是自己虚惊一场。

杨凌素接着说："你有刘秉泰那样一个顶头上司，我一直担心。他对你存有二心，现在前任郡守升迁离任，他由郡丞代理郡守，很快就要扶正，只怕你的日子更不好过。他现在对你怎么样？"

徐威显摇摇头："我对他使尽心计，无奈他软硬不吃。此人老奸巨猾，不好对付。有他在我上头，我不得不缩手缩脚。姐夫难道不能想个办法，让皇上罢他的职？"

"难啊！"杨凌素叹了一声，"皇上对他很器重，认为他精通四书五经，理政有方，清正廉洁，刚直不阿，说他人才难得，目前还拿他没什么办法。"

徐威显听了有些丧气，低头沉默一会儿，又问："朝中的事怎么样？"

杨凌素答道："我们要夺得皇位，还得从长计议。我想利用晋王杨广作个阶梯。杨广觊觎太子之位已久，无奈他是文帝次子，文帝早已立他的哥哥杨勇为太子，杨广苦于没有办法。我深知杨广之心，向他献了几条妙计，结果十分奏效，杨广视我为三国孔明，欲赖我成就大事，对我十分宠信。"

徐威显一听，心中欢喜，由衷地伸出了大拇指，"姐夫大人高明！"

杨凌素接着说："太子杨勇致命的弱点是承袭士族奢侈之风，喜声色犬马，且不善掩饰，曾受文帝几次斥责。去年冬天，百官朝拜杨勇，杨勇乐于受贺，仪仗似于天子，违反皇家礼制，深惹文帝不悦。"

徐威显高兴地笑了笑，"杨勇太愚蠢了。"

"他是利令智昏。"杨凌素说，"你知道，杨勇的妃子元氏因失宠抑郁而死。元妃是独孤皇后亲为杨勇择配的，独孤皇后岂不对杨勇耿耿于怀？"

徐威显深深点头。

"独孤皇后派人暗暗侦察杨勇的罪行，我趁机为杨广出主意，让他不惜重金，暗中贿赂众臣。我帮杨广在皇上和太后面前挑拨，终于使杨勇失宠于皇上与太后，如今皇上废杨勇而立杨广在即。只要杨广能被立为太子，我们就伺机设法早早扶杨广登基。到那时，隋朝江山就有我杨凌素的一半了。我们再设法杀了杨广，江山岂不到手了？"

徐威显深深佩服杨凌素的计谋，"姐夫实是高明。只是……远水不解近渴，令人有望梅之感哪！"

"我何尝不想江山即刻到手？"杨凌素深有同感地说。"只是时机不到，不可强自为之。不必担心。只要杨广能登上皇位，我们得江山就指日可待了。"

徐威显一阵激动，"那么，小弟眼下要做的是……"

"你要抓紧时间广聚钱粮，暗蓄兵马，准备应付不测。现在看来，成功大有希望，但也要防天有不测风云。我计划好了，万一在朝中的事情败露，我便离京来商丘与你一起起兵，别作谋划。"

徐威显点了点头，"小弟也是照此而行的。"

"你这里钱粮准备的如何？兵马蓄了多少？"杨凌素问。

"尽管小弟百般增加赋税，但小弟仅是一个小县令。商丘这弹丸小县，钱粮能聚几何？兵马又能暗蓄多少？况且，小弟又在刘秉泰眼皮子底下，实在不无忌惮。姐夫还是在皇上面前想想办法，快提小弟的职位要紧哪！"

杨凌素见他迫切想升迁，便说："此事我当然不敢忘怀。但众目睽睽之下，不敢太露。眼下在有些事上，你还需小心从事。"

徐威显点点头，"还请姐夫指点。"

杨凌素凑近他耳语了一番。徐威显觉得压在自己身上的担子太重，但也不敢推辞，只好仔细地聆听，频频点头。

两人于密室策划了半晌，杨凌素嘱咐他说："刘秉泰眼下正如日中天，你不可与他抵牾，以免让他看出蛛丝马迹。表面上要对他百依百顺，迷惑其心。暗中嘛，寻不着机会便忍耐；一旦寻着机会，毫不留情。但对机会的判断要准确，不可弄巧成拙。"

徐威显立即点头："小弟明白。"

杨凌素又说，"关于钱粮准备和招兵买马一事，既要抓紧，也要防操之过急。须知一招不慎，就可能出事。"

徐威显又立即点头。

"你这里有芒砀山，那是汉高祖当年起兵的地方，是屯粮隐兵的理想所在。秦始皇曾说那里有王者之气，可见风水不凡。你可密差心腹到山中去，在那里招兵买马，屯聚军粮。"

徐威显茅塞顿开，"好主意！"

"听说商丘、谯郡和济宁一带土匪猖獗，土匪中可是有不少人才，你可暗中派心腹与他们联络，拉拢他们，为我所用，也可将他们扩进卒伍。山中兵众粮足，到时候一旦起事，即可烈火燎原。"

徐威显受到很大启发，答应回去后立即着手去办。

最后，他踌躇满志地与杨凌素辞别，准备大干一场，却没想到家里正有一桩料想不到的棘手事在等着他。

花弧听衙役说不知徐威显什么时候能回县衙，心想如果等他，不知会等到什么时候，不如先去郡府，把徐虎下乡抢劫行凶的事向刘秉泰禀报。

他们到了郡府，正好刘秉泰从民间私访回来，见他们到来，热情地接见了他们，欢喜地问了周大龙、周铁蛋、李小宝和木兰的姓名。得知木兰是花弧的女儿，喜悦地望着木兰，向花弧说："你这女儿颇有男儿气概，不同于寻常好，以后定是个有出息的姑娘。"花弧听了，十分欣慰。

刘秉泰问花弧因何事到来，花弧便把遇徐虎到民间抢劫和行凶的过程以及他们和徐虎的冲突说了个详细，最后说："我们想去县衙禀明徐太爷，但徐太爷不在县衙，也不在官邸，听说他下乡催缴赋税还没有回来，我们便到郡府见老大人来了。"

刘秉泰听了，立刻陷入深思。他就是听说徐威显随便向百姓增加赋税，为掌握实情而到民间私访的。他想，徐威显一直在众人面前表白他是如何关爱百姓、为官清廉。百姓应缴的赋税早已收够了，他还下乡催缴什么赋税？特别是花弧向他禀报说徐虎向恶少们吹嘘说等"大事成功"，都给恶少们个大官做做，让他为之震惊。徐府管家当时急忙制止徐虎，说明事情非同寻常。是否徐虎不小心透露出了徐威显的秘密？难道徐威显真有反心吗？

花弧见刘秉泰陷入了深沉的思考，担心地说："大人，我和孩子们教训了徐虎一下，实在是忍无可忍。徐虎那样为害百姓，我作为闾正，当时要是不管，看着老百姓遭殃，事后如何向大人交代！"

刘秉泰这才轻轻一笑，肯定地向他说："你管得对！徐虎那样无法无天，仗势欺人，教训他没有什么错。我想的不是这，而是……"他觉得对徐威显有反心的猜疑现在还不应该说给他们，话到嘴边又停了下来。

花弧听了，心里便轻松下来，却不好问他担心的是什么。

刘秉泰向他们说："你们这一趟来的好。此事你们不要担心，没你们的事。我正有事要见徐大人，已派人去传，却不知他还没有回来。你们放心，待他一回来，我便立即让他来见我，向他如实说明徐虎的行为。县令的儿子如此目无王法，这还了得？"

木兰等人见刘秉泰这样表了态，心中的石头才落了地。

刘秉泰嘱咐花弧说："你回来了，要把营廓镇武馆办得更好，多培养一些精兵强将，准备以后报效国家，安定乡里。"花弧点头应诺。

正在这时，去传徐威显的差役回来向刘秉泰禀报说："徐大人刚回到家，我向他传了老爷的口谕，他答应马上就来。"

刘秉泰对花弧说："先就这样说吧。你们在这里见他，多有不便，不如先回营廓镇去。"又嘱咐说："有关徐虎的事，让乡亲们放心就是了。"

花弧等人便与刘秉泰辞别，回了营廓镇。

徐威显从刘家渡口刚回到府邸，就接到了刘秉泰的召谕。他心里不由得又犯起了嘀咕，暗想，难道刘秉泰暗中派人对我跟踪，知道我去刘家渡口见我姐夫的事了？他若问我此事，我该怎样回答？

他心中惴惴地来到郡府，见了刘秉泰，向刘秉泰寒暄几句，便小心地问："老大人召下官前来，所为何事？"

六十多岁的刘秉泰仔细望他，见他略现惊恐之色，却不知为什么。他表情坦然地招呼徐威显落座，问："贵县营廓镇花弧几年前应征入伍，大人可知道否？"

徐威显小心地回答："下官来商丘县时浅，尚未顾及此事，请老大人指教。"

刘秉泰说："花弧到边关杀敌，战功赫赫。边关平定，他荣归故里。我将他的立功文书与文帝圣旨对照，将他委任为闾正。他到县衙听命，大人却不在县衙，也不在官邸。他又到我这里，让我转告大人，改日再去拜望。"

徐威显一听原来是这事，便放下心来，轻松一笑说："啊！他既已拜谒了老大人，老大人照旨委以闾正，老大人命人晓喻下官就是了，何必再让他多礼？"

刘秉泰说："应该的。"接着又说："汴州州府下文，命州辖各地为荣归的立功将士贺功。各县可自选时日，向荣归立功将士表示道贺。”

徐威显马上说：“谨遵老大人之命。”

刘秉泰的表情严肃起来，“有一事我不得不向徐大人说。花弧于归里途中，与你家少爷相遇。见你家少爷率一帮恶少下乡抢劫百姓，而且殴打一老妪。他上前制止，不想你家少爷不但不听，反而出言轻蔑，恶语伤人。恰遇营廓镇几个义气少年赶到，其中有一女娃是花弧的女儿，你家少爷要抢女娃，双方发生冲突。花弧忍无可忍，对你家少爷稍加教训，你家少爷竟扬言誓不罢休。花弧去县衙向大人禀明此事，未见到大人，便来向我说知。”

未待刘秉泰说完，徐威显便大惊失色，“竟有此事？”

刘秉泰说：“你府管家跟着呢，大人回去可详细询问你府管家和你家少爷。随花弧一起前来的几个人都从旁作证，我想不会有假。你家少爷的行为已构成犯罪，照法是应受惩的。”

徐威显害怕起来，连忙向刘秉泰施礼说：“养不教，父之过也！犬子如此，实属下官管教不严。下官定对犬子严加管教。请老大人看在下官面上，网开一面，下官感恩不尽，下次他再不敢了。至于闾正那里，下官向他赔情就是。”

刘秉泰严肃地说：“徐大人既然这么说，这面子我便不能不给。但如果再有此类事情发生，不依法惩办，实难向百姓交代！”

“是！是！”徐威显连忙说，“老大人放心，下官回去，一定严惩犬子，决不轻饶。如此之事，在犬子身上一定不会再发生。”

刘秉泰还想问他下乡催的什么赋税，但又细想一下，还是先不打草惊蛇，待查清他到底是否有反心之后，一起上奏文帝为妥，于是便旁敲侧击地好心嘱咐他说：“最近有些地方民怨鼎沸，不知是何原因。本郡丞担心生出事来，不好交代。汴州刺史也派人来询问我郡民情，我都以平安无事相回。万一不慎真的出了事，实在不好向上交代。请大人谨慎政务，保贵县不出事才是。"

徐威显连连应道："多谢老大人关照。下官一定遵命，体恤民众，造福一方。"

回到府邸，徐威显立刻把管家叫到面前，询问徐虎带领恶少下乡一事。管家见他脸色十分难看，吞吞吐吐，不想实禀。徐威显警告说："此事非同小可。刘秉泰今日将我召去，明言此事，弄得我好生尴尬。刘秉泰要将虎儿治罪，我好说歹说，他才容情。事情到底是真是假，从实说来！"

管家一听，在心里权衡片刻，暗想如不如实禀报，以后出了事自己难辞其咎，如实禀报了也好让他未雨绸缪，于是便将事情从头至尾详细禀报，并说："我最担心的是，少爷说等太爷大事成功，都跟着他弄个大官做做。如果花弧听到了这话，禀报了刘秉泰，事可就大了！"

徐威显一听，大为震惊，气得浑身颤抖，命管家立即将徐虎叫来。

徐威显刚回府，徐虎便要向他告花弧等人的状，不料没来得及，徐威显便被刘秉泰召去了。如今见管家唤他，连忙前去。他一见徐威显就大喊冤枉："父县啊，儿子被人打了，你可得为儿报仇啊！"

徐威显气得面色蜡黄，怒喝道："你这混账，捅了娄子，还喊冤枉！为父离府时是怎样嘱咐你的？"

徐虎见他暴怒，吓了一跳，连忙下跪，怯怯地说："我……我没干什么呀。"

徐威显上去照他嘴上就是一巴掌，"还说没干什么！你成心想坏我的大事是不是？"

徐虎摸着脸，诧异地望着他，莫名其妙。

徐威显还要动手，管家急忙上前拦住说："老爷，事情既已如此，不可太生气，设法弥补要紧啊！"

徐威显气得摇头顿足，无可奈何，望着徐虎，压低声音训斥说："真是什么都不懂！不管什么都往外说！竟然向人家说大事成功后都给人家弄个大官做做！你知道这话会引起什么后果吗？"

徐虎这才想起当时自己的确向他的弟兄们说过这话，便说："那都是我的弟兄，不会坏咱们的事的。"

"可你知不知道身后有耳？"徐威显咆哮说，"花弧就在你们后边跟着，他若听去了，禀于刘秉泰，还了得吗？你射死老妪的鸡还殴打老妪，并扬言要抢花弧的女儿！刘秉泰要拿你治罪，若不是我苦苦求情，你现在还能在这里吗？"

徐虎这才乖乖地低下头去，说："我错了。"

管家劝徐威显说："老爷，事已至此，还是设法免除后患才是啊！"

徐威显实在气恼，但想到自己就这么一个儿子，平时看得宝贝似的，如今造成这样的后果，也怪自己失于管教。事已至此，就是杀了他也于事无补，传宗接代舍他无人，于是无可奈何地望着徐虎，哀叹着说："虎儿呀，虎儿！爹对你寄予厚望，你咋就不成器呢？"气得一屁股坐在了椅子上。

管家扶起徐虎，然后为徐威显倒了一杯茶，递向徐威显说："老爷，喝口水，消消气。"

徐威显没有理睬。他在想，有什么办法免除后患呢？……他把刘秉泰向他说的话从头至尾仔细回忆一遍，刘秉泰并没向他提起徐虎当时说的"大事成功"的话，便想，也许花弧没把虎儿那话当回事。但以后花弧若是想起事情严重，会再向刘秉泰禀报。要免除后患，除非封上花弧的嘴。而花弧已经与我们徐家结下了怨恨，有什么办法能将花弧的嘴封上呢？

花弧被害，山中遇虎

司马方宣回到住处，想到已与花弧相见，自己在营廓镇待的时间也不短了，便起了思乡之情。

他家在河内郡温县孝敬里，三国时期魏国杰出政治家、军事家司马懿是他的祖上。当年司马懿受曹操信赖，曾任曹魏大都督、大将军、太尉、太傅，是辅佐魏国三代的托孤辅政重臣，后来全权掌控魏国朝政；他善谋奇策，多次征伐有功，并曾两次率大军成功对抗诸葛亮北伐和远征平定辽东。多年征战和辅政使他积累了丰富的政治经验和军事经验，他创造的枪术和箭术是当世一绝，为对手所不敌。晚年，司马懿把枪术和箭术秘诀以及他带兵打仗的战略战术详细记录下来，汇集一书，叫《司马枪箭全秘》，传给后代。之后，此书便成了司马家族的传家宝。

司马方宣的父亲靠此秘籍成了一名遐迩闻名的武术家，曾在陈后主殿前做亲侍，并将武艺和秘籍传与司马方宣。后来父亲病逝，司马方宣承袭了父亲的职位。当时，中书令王贯铁面无私，依法将草菅人命的陈后主的一个远门亲戚斩了，受诬告被陈后主打入监牢。王贯与他交情颇厚，他暗中搭救王贯越狱，不料事发，陈后主要判他死罪，他闻讯后托人将家眷送回原籍，弃职潜逃，从此看到了朝廷的黑暗，做了闲云野鹤，再不出世。后来落脚于木兰山，知他行踪的好友常不远千里上山与他相会，见他闲暇无事，建议他将武艺传世。于是，一些有志青年便来投师。他向人传艺，秘籍却从不示人。也许是天缘，让他遇上了木兰这个奇异的女孩子。他预感木兰将来可能会成为妇好那样的女英雄，于是对木兰倾尽心血。如今花弧荣归，他觉得有花弧教导，对木兰可以放心了，便决定离开营廓镇，再游访几个好友，然后回故乡度晚年。

他知道花弧从没见过秘籍，武艺与秘籍相差很远，觉得不把秘籍传给木兰，木兰便难以成为旷世之才。于是琢磨了一夜，最后终于决定，第二天便带着秘籍来到了花弧家中。

花弧一家恭敬地把他迎进草堂。司马方宣对花弧说："花弧啊，我已经在营廓镇居住几年了。咱们师徒已经相见，我要走了。"

花弧听了，十分吃惊，诧异地问："师父要去哪里？"

司马方宣说："我当年托朋友把家人送回原籍温县，多年未回故里，也不知他们怎么样了。叶落归根，人终归是要回到家乡去的。"又语重心长地说："唯一让我挂心的是木兰，我告诉你，我从来没见过像木兰这样聪明灵秀、气质不凡的女孩子。如此天资，实在少有。现在她有了一身超人的武艺，这样奇特的女孩子，以后不遇机会便罢，一旦遇上机会，定会显出她的奇才，做出一番惊人的事业。你要好好教他武艺和阵法，有机会了，让她为国报效。"

花弧惋惜地说："可惜她是一个女孩子。国家不要女兵，纵有天大的能耐，也难以施展。"

司马方宣连忙摇手说："你们夫妻都是这么说。你们哪里知道，世事多变，意想不到的事情总会发生，谁也看不透的。天生奇才，必然会有大用！"

木兰恋恋不舍地偎依在司马方宣身边，说："爷爷，你还有好多武艺没有向我传授呢，怎么要走呢？您老人家就在我们这里再住几年吧！"

司马方宣手指着木兰，诙谐地一笑："你这姑娘！我知道，你总想把爷爷的武艺都学到手！爷爷是有没传给你的武艺，但不妨事的。我走之前，要给你推荐一个比我更高的师父。凭你的天资，只要肯下功夫，这个师父会让你超过爷爷！"

木兰不信："天下还有比爷爷武艺还高的人吗？"

"有，当然有。"司马方宣说，"常言说'古之学者必有师'，我的武艺也是向老师学的。我要向你推荐的这位老师就是爷爷的老师，年纪可比爷爷大得多，武艺也比爷爷高得多！"

木兰觉得他好像是在讲神话，摇着头说："我不信！"

"不信？我就给你看。"司马方宣说着，从怀里掏出了《司马枪箭全秘》，说："我的师父，就是它。"

花弧一看，是《司马枪箭全秘》，简直如见天书。只见他陡然一惊，瞪大眼睛望着秘籍，激动地望着司马方宣，"师父，今天我总算看到了！我在木兰山跟师父学艺的时候，听说你有一本祖传的武术和兵法秘籍，几次向你请求看一看，可你不但不让看，还说'哪里有呀'。这不就是吗？以前我们想看看是什么样子都不可得，今天你老人家怎么舍得示人了？"

司马方宣呵呵地笑起来，"这是我的传家宝啊！"于是便向他讲了这本秘籍的来历。花弧听了，才知这本秘籍来之不易。司马方宣又说："上面所记的除兵法谋略之外，都是我们司马家的枪法、箭法精要，我曾经将其大部传给了你和你的师兄弟们，也传给了木兰。但是，这里面那么多秘诀的含义，连师父我也没有全琢磨透！"他用手一拉木兰说，"木兰，你喜欢读书，爷爷决定把这本秘籍给你留下。你要不负爷爷的期望，一点一点用心仔细研磨。如果你能全研磨精透了，不但会超过爷爷，只怕天下也找不到能敌得你的人了！"

木兰听了父亲对秘籍的渴望，又听老人说了秘籍的来历，才知这本秘籍是多么珍贵。见老人要把秘籍传给她，难抑心中的激动，急忙向司马方宣跪下，颤抖着双手，恭恭敬敬地将秘籍接过，托在手上，只觉得秘籍是那样的重。她知道这是老人的一颗心，连连向司马方宣叩头。

花弧感激地望着司马方宣："师傅，这秘籍是绝世奇宝，也是您老人家的命根子。您把它交给木兰一个女孩子，太可惜了！"

司马方宣说："我考虑再三，昨天又琢磨了一夜。反复琢磨一个道理，世代都说女子不如男，可商朝却出了妇好那样一个定国安邦的女将军。遇上木兰后，我看她能成大材，就生了一个念头，想亲手培育出一位妇好那样的女将，让世人刮目相看，也不枉我此生。然而年纪不饶人，我觉得有些力不从心了。但我相信，木兰一定能实现我的夙愿，于是便决定把秘籍传给她。一个人能做一件惊世的事情不容易。倘若我的判断不错，以后我到了九泉，也有向先祖交代的了！"

木兰被老人说得心潮起伏，难以表达对老人的感激，再次向司马方宣叩头："谢爷爷！"

司马方宣说："不要这样谢我。你能很好地将秘籍上的枪箭和兵法继承下来，就是对爷爷的报答了！"说罢又感叹着说："我老了，我们司马家下辈没有能继承它的人。我这样做，也是想让前人的智慧能很好地传承下去，不枉祖宗的一番心血！你可不要辜负了我的希望！"

木兰发自内心地说："爷爷放心，我不会让您老人家失望的！"

花弧也不知怎样向老人表示感激才好："师傅，既然如此，您老人家就在这里住下，今天就搬到我家来。徒儿好好孝敬您，为您老人家养老送终！"

司马方宣呵呵地笑着说："你知道，师父一向闲云野鹤，喜欢云游。人常说人老惜亲，师父这次下山，就是为了寻访我的故友和弟子，叙叙旧情，然后回故乡去。在你们镇上之所以待了这么久，就是为了木兰。如今你回来了，我的心也可放下了。我还有几个生死好友，都是为朋友两肋插刀的至诚君子，不知他们现在都怎么样，做梦都想见到他们。说是叶落归根，其实还说不定最后落到哪里去呢！"

木棣出去外面玩耍回来，听说司马爷爷要走，跑上去趴在了老人怀里，眼巴巴地望着老人说："爷爷，我不让你走！不让你走！"

司马方宣抚摸着他的头，怜爱地说："好孩子，爷爷说不定哪一天就回来的。你要像你姐姐那样，好好习文习武，以后才有出息呀！能不能记住爷爷的话？"

木棣满有信心地说："爷爷放心，我能！"

司马方宣鼓励他说："好，爷爷以后再见到你，可要看看你的本事哟！"

木棣一挺胸脯，"行！"说得老人笑了起来。

花弧又说："师父，我们全家和全镇乡亲，实在舍不得让您走啊！"

司马方宣也有些不舍地说："情义我理解。我这人有个毛病，一旦决定要干什么，就难以改变。我打算和乡亲们话话别，明天就动身。"

当晚，司马方宣置酒和乡亲们话别，第二天便辞别木兰一家和乡亲们，离开了营廓镇。乡亲们几乎全镇出动为老人送行，一直送到几里之外，依依惜别。木兰更是舍不得离开老人，和父亲一起又送了老人一程。老人说："送君千里，终须一别。后会有期，你们回去吧！"父女俩一直目送老人离去，直到看不见老人的影子。

花弧和木兰一回到家里，心情便又回到了见到《司马枪箭全秘》时的激动，于是父女俩便开始一起研读起来。父女俩一字一句地读着，只觉得句句珍宝，字字珠玑，一直研读到天黑。吃过晚饭后又舍不得丢下，秉烛研读至半夜。第二天又早早起床，如饥似渴地研读起来。

徐威显一直想不出对付花弧的办法。也是无巧不成书，正在这时，商丘境内的芒砀山中传来了猛虎伤人的消息，当地的两名樵夫上山砍柴，丧于虎口。百姓人心惶惶，向甲长呈报。甲长也找不到能够上山除虎的人，怕人被虎伤的事件再次发生，又向上呈报，本来该呈报于闾正，但花弧新任闾正的消息，芒砀山地方的百姓尚且不知，便呈报给了徐威显。徐威显觉得不向刘秉泰禀报，万一再发生虎伤人命的事情自己难辞其咎，便向刘秉泰呈报。刘秉泰爱民如子，当即命徐威显马上组织猎户或有能耐的人进山，三日内除掉猛虎，以安民心。

徐威显不得不应承下来，但想三日内除掉猛虎，难度实在太大。他眉头一皱，计上心来：芒砀山离营廓镇不远，花弧新任了闾正，何不命他前去，我派人伺机对他加害，让他死于虎口，一来了却了我的心腹之患，二来又让刘秉泰抓不到把柄，岂不两全其美！他想将花弧召来，向花弧下达除虎令，但想到自己在刘秉泰面前说过向花弧赔情的话，便准备亲自登门造访花弧，一来做个赔情的样子给刘秉泰看，二来也因徐虎的事让花弧对他释疑，同时表示对花弧的信任，让花弧无法推脱。想到此，便立即命人打轿，去了营廓镇。

花弧正在家和木兰一起研读《司马枪箭全秘》，忽然听见衙役在门外朝院里喊道："徐太爷前来造访花老将军。"便立即让木兰母女回避，连忙出门迎接。他向外走着，心里对徐威显的突然到来之意不得其解。

徐威显被迎进草堂落座。花弧向徐威显施礼问道："太爷驾临寒舍，花弧诚惶诚恐，请问太爷有何训示？"

徐威显连忙制止他说："免礼，免礼。"接着便假惺惺地说："只因犬子徐虎擅自下乡扰乱乡民，本县全然不知。幸得老将军对他训教，那畜生却不知天高地厚，竟对老将军无礼。本县听此消息十分气恼，严惩了犬子，亲自来向老将军赔罪，还望老将军宽恕。"说着起身，向花弧一躬。

花弧听了，以为他是真心。他没想到徐威显如此谦恭，不由得感动，连忙还礼说："太爷如此，花弧无地自容。"

徐威显坐下，又说："犬子稚顽，对乡亲们多有冒犯。请老将军转告乡亲们，我向他们赔礼了。"

花弧忙说："区区小事，劳太爷亲自前来，花弧实在不安，花弧定将太爷心意向乡亲们转告。"

徐威显向花弧假惺惺地对乡亲们问候了一番，然后书归正传，说："目下有一事，还要有劳老将军。"

花弧连忙说："有事太爷只管吩咐，说什么'有劳'，花弧照办就是。"

徐威显说，"本县接到禀报，芒砀山中突然出现猛虎伤人，已有两人死于虎口。百姓人心惶惶，本县为一县父母，十分不安，本县已向郡上呈报，刘大人令三日内灭除虎害，以安百姓。老将军是这里的闾正，因此不能不劳老将军。老将军向来以国家和百姓安危为重，想来不会推辞。"

花弧一听，觉得责无旁贷，不假思索地说："闾正虽然算不得什么官，但为民除害，乃是分内之事。太爷吩咐，岂敢怠慢？"

徐威显哂然一笑："老将军果然爽快。老将军武艺高强，除虎定不在话下。为防万一，本县派几名勇武差役随老将军前去，听老将军调遣。"

花弧不知是计，感激地说："太爷想得太周到了，花弧实在感激。"

"应该的，应该的。"徐威显假惺惺地说，接着便告诫花弧，"三日内将虎除掉，是郡上责令，也是本县向刘大人的承诺，老将军不可拖延哟。"

花弧想了想，说，"花弧自然尽责，但三日未免为时太短。猛虎在暗处，不知何时出没，进山后还要到处寻找，若不能与猛虎相遇，便无法将其除掉。请太爷还是宽限几日，留有余地的好。"

徐威显认真地说："我已说过，这是刘大人指定的限期，本县也已向刘大人承诺，怎好更改？本县相信，老将军只要尽力，是会办得到的。三日内除掉猛虎，本县有赏；若三日除不了猛虎，一来显得老将军无能，二来再有猛虎伤人，本县也不好交待。明日一早，本县所派差役便来贵府随老将军一同进山。祝老将军马到成功。"

花弧望着徐威显，面显尴尬。徐威显怕他再在时限上纠缠，便起身说："望三日后能让本县向老将军行赏。老将军用心准备，明日一早，县上差役便来贵府听用，本县告辞。"说着便起身向外走。

花弧无奈，将其送至门外。徐威显上轿走了。

村民们见徐威显亲自到来，都担心徐虎是否向他告了花弧的状，便陆陆续续赶来，向花弧询问。一听说是让花弧进山除虎，都不由得为花弧担心。

木兰娘对花弧说："我就知道那姓徐的是夜猫子进宅，无事不来。他是黄鼠狼给鸡拜年——没安好心。他爹，你到郡上去见刘老爷，求刘老爷放宽时限，我想刘老爷会答应的。"

花弧却说："三日期限便是刘老爷亲口限定，怎好去找刘老爷？猛虎为害乡民，随时都有可能再伤害人命。除虎刻不容缓，哪能翻来覆去，耽误时间，拿人命作儿戏？"

木兰娘一听，生气地说："你觉得你还是当年，对什么都可以不放在眼上？你在边关落下一身伤病，怎么去山里与猛虎搏斗呀？"

木兰立即说："爹，你在家，让女儿去吧？"

村民周大龙、王二彪、李三顺等异口同声地说："花大爷，我大娘说得有理。还是让我们去吧。你老人家放心，我们定会完成任务！"

周铁蛋和李小宝也说："是啊。花大爷，我们年轻力壮，怎能让您老人家前去呢？再说，您是闾正，也可召集旅中勇武青壮前去。人多势众，除虎不难。"

花弧笑笑说："你以为老虎是傻瓜，见那么多人前去还敢出来？召集旅中青壮，又要耽误一日，且那么多人前去，万一除不了猛虎，徐太爷要找麻烦便有了口实。有县上派有武功好的差役跟随，大家不必担心。再说，我若不亲自前去，万一三日内除不了猛虎，徐太爷说我怠慢，我也无话可说。我亲自和县上差役一同前往，除得了猛虎便罢，除不了，有县上差役作证，他也说不出什么来。"

周大龙说："那我们就与你一同前去，以防不测。"

花弧摇了摇手，"不必了。你们一同前去，反而显得我对县上差役不信任。"

大家想了想，觉得花弧的话也有道理，便不再争了。

第二天一大早，徐威显所派差役身背虎叉，来到了花弧家里。花弧收拾收拾，便要和他们一起进山去。木兰和母亲再三叮咛他多加小心，花弧说："放心吧。有这么多英雄跟随，不妨事的。"

花弧跟差役们走后，木兰娘更加放心不下。张义兴、周大龙等人想来想去，总觉徐威显向花弧下这样的命令似有蹊跷。张义兴对青壮们说："我看，得防徐威显别有用心，咱们带上家伙暗中跟去。不出意外便罢，万一出什么意外，也好想法对付。快准备家伙，咱们一同前去。"众青壮答应一声，立即回家拿上家伙。木兰也带上枪箭要去，张义兴说："你爹去了，你娘快担心死了。你若再去，你娘会更加担心。你娘病好后身板儿还没完全恢复，你在家安慰安慰她，别让她过于担心。我们大家前去，和你去还不是一样？"木兰听了，只好留下，张义兴便带着一帮年轻人去了。

花弧和差役们一同进了山，向众差役说："不瞒诸位说，老夫在疆场曾受过重伤，有碍于本领的施展。今日进山打虎，要仰仗诸位帮忙。"衙役班头一语双关地说："老将军放心吧，我们会按太爷的吩咐，照护好你的。"

事情果然不出众人所料，花弧中计，险些入了虎口。

下午，太阳快落山的时候，王二彪慌慌张张跑进了花家，一见木兰娘就说："花大娘，不好了，俺花大爷被虎咬伤了！"

木兰娘一听，面色立刻煞白，急得差点儿背过气了。

木兰听说父亲受了伤，急忙跑了出去，见一帮人用一副山中竹子临时做的担架抬着父亲回来了，一颗心提到了喉咙眼上，急忙问："我爹伤势怎样？"

张义兴说："胸口被虎爪抓破，幸亏我们在他们上山的时候暗暗跟了去……"

周大龙气愤地说："花大爷在山中一发现猛虎就冲了上去，我们要和他一同上前去打，可那些差役死死拦住我们不让上前，说是徐太爷有吩咐，谁也不许夺了花大爷的功劳，这不是成心害他吗！花大爷与猛虎搏斗，眼看要斗败猛虎，可惜他身体不灵便，一不小心，被猛虎双爪抓住，眼看要出大事。我们不顾差役阻拦，上前去救，好歹算是把花大爷救了出来。"

木兰望着躺在担架上的父亲，想起徐威显的奸计，怒不可遏。强忍心中怒火，担心地问父亲："爹伤得怎么样？"

花弧怕她害怕，强作微笑说："伤得不重，不妨事的。"

木兰娘和木棣也从院里跑了出去，木兰娘望着担架，泪如泉涌，"他爹，你……"接着便跑上前去。

花弧在担架上朝她笑笑说，"不必担心，没啥大事，受了点小伤，几天就会好的。"

众人把花弧抬进草堂，安放在床上，乡亲们马上找来了治伤的药。医生见花弧胸前的衣服被血渗透，轻轻扯开衣服察看，见花弧胸前被虎抓掉了一块皮肉，另外还有几道老虎的抓痕。木兰娘见丈夫胸前全是血迹，吓得大哭起来，"我的天哪……你要是有个三长两短，让俺母子咋过呀……那狗官，好狠心呀……"

木兰咬牙切齿，"那狗官，我饶不了他！"

大家望见花弧在边关战场上落下的伤疤上又添新伤，心里都不禁酸楚。

花弧见大家伤心，笑笑说："这点小伤算得了什么？明天我还要进山！"

木兰娘心疼地望着他，流着泪说："你不要命，我和孩子还得要你呢！"

花弧无奈地说："我已在徐太爷面前答应下来，三日内定将猛虎除了。除不了猛虎，猛虎就会继续伤人，怎么得了？"

张义兴听了心下感动，朝花弧说："您心里总是装着乡亲们，怎么不为您自己想想？现在别想那么多了，治伤要紧。"

木兰娘无可奈何地说："他爹，你就改改脾气吧。不为你自己，也得为俺娘儿仨呀！"说着泪流不止。

木兰安慰爹说："爹，您放心吧。恶虎一定要除！您只管安心养伤，女儿一定除了恶虎，让爹按时交差！"

花弧望着女儿说："有爹在，可不能让你去冒险！"

丈夫察看了伤口，安慰大家说："大家不要过于担心，老将军伤势无碍，只是再上山打虎是不行了。"接着就为花弧敷药、包扎。

张义兴想到不能如期除掉猛虎，徐威显要处罚花弧，便把青壮年召集到院里商议。最后决定，让花弧在家好好治伤，明天青壮年一起上山打虎，让花弧按时交差！

第二天天未明，周大龙就将人组织好了，木兰悄悄将弓箭背在身上，箭囊挂在腰间，准备和乡亲们一同去。

木棣忽然闯入了木兰的房内，说："姐，我要跟乡亲们一起打虎去！"

"不行！"木兰说，"你还太小，留在家里照护爹。"

木棣见她装束好了，问："你能去，我怎么不能去呀？"

木兰怕他俩的话被爹娘听见了，悄悄对木棣说："好弟弟，你都看见了，爹受了伤，娘伤心得一夜没睡。你年龄小，去了，爹娘会更加不放心。姐的武艺好，你在家好好照顾爹娘，为咱们两个向爹娘尽孝。爹娘要是问你我哪里去了，你就说我为爹找药去了。"

木棣理解了姐姐的话，也不再争，点点头说："姐，你去吧！家里的事，你放心，我会照顾好爹娘的。"木兰夸奖他说："真是姐的好弟弟！快看看爹娘去。"

木兰背着爹娘出门，和乡亲们一起进山去了。

差役回到县衙，将花弧受伤被救的事向徐威显一说，徐威显气愤地训斥他们说："我是怎么吩咐你们的？你们为何让乡民上前救他？"

衙役班头说："当时我们死力拦阻，但他们人多，且都有很高的武艺，我们拦不住。"

徐威显想，花弧不死，终是后患，便把徐虎唤到面前，说："我与花弧限定了除虎日期，花弧受伤，村民们必替他除虎，你速带人去芒砀山监视。他们要是打死了猛虎，你们就将死虎夺下，就说是你们打死的。如此，一来可治花弧的罪，二来也可为你报功，让刘秉泰不再追究你的事。"

徐虎听了，高兴地说："太好了！"立刻带一帮恶少去了芒砀山。

　　木兰和十几个青壮一起进山寻找半天，也没见老虎的影子。周大龙说："咱们这么多人在一起，老虎看见了会躲避的。还是分开找吧。寻见猛虎后吹个口哨，咱们一起去打。"大家觉得周大龙说的对，于是便分开寻找。

　　木兰和王二彪、李三顺分在了一组，寻到铁角峰下，听到远处传来一声虎啸，机警地停下脚步，仔细听了听。木兰判定了虎啸的方向，说："在那边。"三人手持弓箭和刀枪，飞快地向那边赶去。

　　虎啸越来越近。他们来到一个山头上，忽见眼前现出一条深涧，隔住了去路。虎啸从前面不远的地方传来。木兰抬头一望，见对面深涧相隔的山坡上，一只猛虎张牙舞爪，向一陌生少年扑去。那少年毫无畏惧，双手各提一把刀，准备和老虎搏斗。木兰不由自主地向那少年喊了一声："小心！"

　　话没落地，见老虎已扑到少年跟前。只见那少年向旁边一跃，眨眼间躲过了猛虎，身法轻捷迅速，令她惊叹。

　　木兰诧异，这是哪里来的少年，有如此大的胆量，而且身手这样不凡！

　　周大龙也赶了过来，木兰一指对面的山坡说："大龙哥，你看！"周大龙一望，见那少年正在与猛虎搏斗。猛虎纵身一跃，伸出两只前爪向少年抓去。少年不及出刀，急忙将身子向下一伏，接着一个"紫燕凌空"，跃出一丈开外，落在地上。猛虎扑了个空，急忙回头，再次向少年扑去。那少年一个就地旋风，将身子转到一丛荆棘后面。猛虎迅速扑上去，少年挥刀便砍。猛虎一见，迅速躲开。

　　木兰不禁称赞说："此人武艺真好！"

　　周大龙目不转睛地望着，说："真是孤胆英雄，少见的奇男子！"

这时猛虎急忙回头，向上一蹿，一个泰山压顶，朝少年头上扑去，少年一个偏蹲儿躲过。老虎又迅速转身扑向少年。少年急忙抢刀砍去，老虎差点儿中刀。

正在这时，周大龙突然惊讶地喊了一声："不好，又出来一只！"

木兰看见又一只猛虎从旁向少年冲去，心想：他一人斗二虎，只怕难以招架！

周大龙想马上过去帮助少年，望望脚下的山涧，山涧又深又宽，无法跃过，不由得着急。

木兰急忙张弓搭箭，只听"嗖"的一声弓弦响，箭向第二只猛虎射了出去。说时迟，那时快，转瞬之间，只见第二只老虎中箭，一声惨叫，倒在了地上。

周大龙激动得不可自抑，"射的好，正中老虎面门，木兰真是神箭手！"

这时候，只见木兰迅速地收起弓箭，操起长枪，向后一煞身，准备跃过涧去。周大龙急忙摇手说："木兰，不行，涧太宽，跳不过去的！"木兰心想：人家帮了我们的大忙，说什么也不能眼看他一人与猛虎搏斗，说了声："大龙哥，闪开！"纵身一跃，凌空而起，瞬间跃过涧去，周大龙不由得赞叹："好身手！"

木兰着地，急忙奔向少年，挺枪从老虎后面杀了过去。老虎听见后面有脚步声，急忙回头。就在这瞬间的工夫，那少年趁机纵身向前一跃，快如闪电，双刀插进了老虎腹中。鲜血从老虎腹中喷涌而出，溅了少年一身。老虎痛极，大叫一声，回头要向少年进攻。木兰枪到，正好刺中老虎的脖颈。老虎一声哀嗥，倒在地上，挣扎了几下，死了。

木兰脱口向少年赞道："好刀法！"

少年转脸望来。二人眼光相遇。木兰打量少年，见他不过十七八岁。向少年一抱拳，又佩服地说："英雄真是好武艺！"

少年见她是一女子，不由得惊讶，说："多亏大姐相救，小弟实在感激！"说着便抱拳施礼。

木兰真诚地说："是你帮了我们的大忙，应谢你才是。英雄是何方人氏，为何一人来到这芒砀山中？"

少年答道："在下家住商丘城南五十里桑柘镇，去山东曲阜送我师父，回来路过这里，进山瞻仰名胜，不想遇上了猛虎。大姐于危难中相救，实在感激不尽！"

木兰见他不但武艺高强，而且谦逊有礼，悄然生了爱慕之心。听他说是桑柘镇人氏，便想起父亲常说的老英雄赵杰，羞然问道："请问英雄尊姓大名？"

少年答："不敢！在下赵俊生。"

木兰一惊："英雄既是桑柘镇人氏，可知道赵杰赵老前辈吗？"

赵俊生一听，为之一惊，说："那是小弟家父。请问大姐，怎么知道他老人家？"

木兰低头微微一笑："我是营廓镇的，姓花，家父与赵大叔刚刚从边关回来不久，他老人家正说到桑柘镇去拜望赵大叔呢！"

赵俊生这才明白，惊喜地说："哎呀！大姐令尊原是花老伯父！家父曾几次向小弟述说他老人家与花老伯父的友情，正打算我从山东送师父回去，就带我去镇上拜望花老伯父的！"

木兰一听，格外欣喜："原来如此！我名木兰，大哥莫称我姐姐，或许你是哥哥呢。"

"敢问大姐年庚？"

"16岁。"

赵俊生爽快地说:"俊生17岁,果然我是哥哥了!"这时他再望木兰,心却不知怎么跳了起来。

两人四目相对,脸上同时泛起一层绯红。

赵俊生问:"妹妹因何来到这芒砀山中?"

木兰想起了父亲,忽然伤心,说:"哥哥哪里知道,俺和乡亲们出外打猎,恰遇县官徐威显的儿子徐虎率恶少下乡残害百姓,俺和父亲抱打不平,教训了徐虎,不想与徐家结怨……此山中有虎伤人,徐威显借机要害我父,命我父进山除虎,限期三日将猛虎除掉,不然就要治罪。我父进山被虎所伤,乡亲们要替我父除虎交差,俺便与乡亲们一道来了。"

赵俊生听了原委,对徐家父子十分气恨,"原来如此。官家残害黎民,真是可恶。徐威显包藏祸心,借刀杀人,更让人气恨!妹妹,如今两只猛虎被你我除了,总算可以让老人家交差了!"

两人正在说话,周大龙、王二彪、李三顺下到涧底,赶了过来,周铁蛋、李小宝等村人也从不同方向跑来。周大龙望着地上的两只猛虎,又望望赵俊生,问木兰:"这位英雄是……"木兰向他介绍了赵俊生。周大龙激动地说:"原来是桑柘镇赵贤弟!贤弟真是好武艺,我们营廓镇父老乡亲多谢了!"众人也激动地向赵俊生道谢。

赵俊生急忙说:"若不是花妹妹相救,小弟险丧虎口,我还应该谢她呢!"

周大龙哈哈地笑着说:"好说好说!赵贤弟,花大爷正在家里着急呢,咱们快快抬着死虎回去,免他老人家之忧!"

赵俊生说:"我正想去拜望花老伯父。"

周大龙高兴地一拱手:"请。"

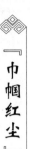

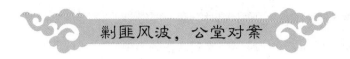

剿匪风波，公堂对案

一伙人从树林里叫喊着向花木兰冲了过来，木兰转脸望去，见是徐虎带领恶少们赶来了，向众人说："徐虎来了，看样子是冲我们来的。"

周铁蛋一望徐虎和恶少们，说："真是冤家路窄，这回非揍这些狗娘养的不可！"

说话间，徐虎带着一帮恶少风风火火地闯到跟前。徐虎不问青红皂白，便命令恶少："弟兄们，把死虎抢过来！"众恶少答应一声，便上前抢虎。

周大龙上前拦住他们，"慢！你们是哪里的英雄，为何抢我们的猎物？"

徐虎蛮不讲理地说："你们的猎物？老虎是我们打死的，快把两只死虎全交给我们！"

赵俊生上前，轻蔑地一笑说："岂有此理！怎么说是你们打死的呢？"

徐虎一拧脖子说："我说是我们打死的，就是我们打死的！"

周大龙不由得气恼："没见过这样说话的！你是何人，这样不讲理？"

徐虎一拍胸膛，"我乃徐虎，县太爷是我爹。讲什么理？我说的话就是理，谁敢不给？"

赵俊生毫不相让："我们亲手打死的猛虎，怎能给了你们？你是老天爷也不行！"

徐虎望了望赵俊生，命恶少："把这小子给我拿下！"

赵俊生怒极，拉开了架势，"哪个胆大的敢上来！"

木兰上前护住赵俊生，怒视徐虎说："你仗着太爷的势力，如此蛮横。想要拿人，须问问我们的拳头答应不答应！"

徐虎一望木兰，"又是你！本少爷还记着你的账呢，今天就要你还了。"向恶少们喝道，"把他俩一起拿了！"

众恶少立即冲向木兰和赵俊生，双方扭打起来。

周大龙怒极，招呼众乡亲："真是没有天理了！乡亲们，他们要打，那就打吧。"

众乡亲一齐冲了上去。双方动起手来，打了一阵，结果徐虎一方落败。徐虎气急败坏，拧着脖子说："好啊，你们敢打我和我的弟兄，真是反了！看我怎样让你们吃不了兜着走！你们等着，我让我爹派兵来拿你们！"带着恶少们灰溜溜地离去。

周大龙望着他说："你爹是县太爷，不会像你这样不讲理的。"说罢对众人说："走，咱们把死虎抬回去，替花大爷交差。"

众人一齐动手，将死虎捆了，然后抬着回镇。

花弧听说两只老虎都被打死了，十分激动，从床上折起身来，向乡亲们表示感谢。王二彪说："花大爷，不要谢我们，虎是木兰和这位兄弟打死的！"

赵俊生连忙向花弧夫妇施礼，"侄儿俊生见过伯父伯母。"

花弧夫妇诧异地望着赵俊生，木兰走上前说："爹，娘，这是桑柘镇我赵大叔的公子，我赵俊生哥哥！"

花弧喜出望外，"哎呀，原来是贤侄，快请起！"接着便问，"你父亲可好？"

第二章　花弧回乡，惹怒县令遭陷害

73

赵俊生起身说："谢伯父问起，他老人家很好，他老人家正说来看望你呢。"

花弧见赵俊生一表人才，心里高兴，问赵俊生怎么来到了这里。赵俊生向他说，他们村上也办了一个武馆，济宁府一位武术高手是他父亲赵杰的朋友，任他们武馆的教师爷，赵杰荣归后便要辞去，他送他师父回乡路过芒砀山，不想遇上了猛虎。周大龙和王二彪等人接过赵俊生的话，把打虎的过程向花弧说了。花弧听说赵俊生武艺高强，更是喜欢。周大龙向花弧说："花大爷，县上限定的日期已到，我们还是先去县里替你交差，回来再说话。"

赵俊生向花弧说："伯父，小侄也去，以免徐虎再生事端。"

花弧见赵俊生身上溅满了虎血，命木兰娘说："木兰娘，拿出我的衣服来，让贤侄换上。"赵俊生说："不要换。徐虎在山里带领恶少抢死虎，说虎是他们打死的。我到县上，这身衣服正好可以证明他说谎。"

花弧说："也好。"嘱咐周大龙和木兰说："如果不出啥意外，你们交了差就回来，免得家里挂念。"

去县城的路上，木兰忽然想起一件事，向周大龙说："大龙哥，为防徐威显再生毒计，你们去县衙，我去郡上，先把除虎的事情向刘老爷禀报，以免咱们吃亏。"

周大龙觉得她想的实在周到，便说："让铁蛋儿和小宝跟你一同去。"

于是，周大龙带着众人，抬着死虎去向徐威显交差，木兰和周铁蛋、李小宝去了郡衙。

再说徐虎回到家里，立刻去县衙向徐威显禀报，说："爹，他们把两只猛虎全打死了，我带人上前抢虎，他们不给，和我们打了起来。那帮人实在厉害，我们被他们暴打一顿，你可不能饶了他们！"

徐威显一愣，"这些刁民，真是反了！"

徐虎说："爹派兵到营廓镇把他们拿来下狱，好解我们的心头之恨！"

父子俩正在计议，老苍头进来禀报说："老爷，营廓镇的人抬着死虎，为花弧交差来了。"

徐威显一听，略略一想，对徐虎说："他们来的好！你速去安排人手，待他们来了，捏造他们一个行凶抢虎的罪名，将他们拿了，逼他们承认抢虎，让他们画押。如此，打虎的功劳就是你的了。"

徐虎一挥拳头："好，我这就去安排！"

徐威显又说，"你嘱咐跟你上山的人，要众口一词，说两只老虎都是你们打死的。以后无论到哪里，都不准说出真相来！"

徐虎点点头，"爹放心，只要我说句话，我那些弟兄没人敢不听！"说罢，立即出去向恶少们安排。

周大龙等人抬着死虎进了县衙，说是为花弧交差。这时，徐虎也带着一帮恶少进来，一见他们就说："你们抢了我们的死虎，还敢到县衙来，真是胆大包天！"

周大龙一见徐虎，生气地说："你又要无赖，须知这是县衙！你不讲理，太爷不会不讲理的！"

徐虎便说："咱们就到大堂上去说。"

徐威显升堂。周大龙让众人将死虎放下，双方来到大堂，徐虎立即向徐威显说："爹，他们抢了我们打死的猛虎，自投罗网来了。"

众人向徐威显跪下。周大龙眼望徐虎，气愤地反驳说："太爷面前，不许你信口雌黄！老虎明明是我们打死的。亲手杀死猛虎的人就在这里，沾满虎血的衣服还没换，你能赖得过去吗？"

赵俊生连忙说："禀太爷，老虎是我亲手杀死的，喷在我身上的虎血还在，请太爷验看。"

徐虎说："你不知弄了些什么血涂在身上，说是虎血，欺蒙太爷，该当何罪？"

周大龙等人七嘴八舌地说："你才是欺蒙太爷。你们要抢我们的死虎没有得逞，反而倒打一耙，难道太爷昏庸，会信你的吗？"

徐威显一拍惊堂木，"大胆刁民！竟敢大堂上辱骂老爷昏庸。来人！将他们押下去教训教训。"

周大龙等人齐喊冤枉，徐威显哪里理睬，衙役立刻上前将他们拿下。徐虎命一帮恶少上来，和衙役一同押着众人，出了大堂。

眼看周大龙和赵俊生等人要受皮肉之苦，恰在这时，刘秉泰差人到来，向徐威显说："刘老爷请徐大人速去郡衙议事。"

徐威显不知木兰已到郡衙向刘秉泰禀报，安排徐虎照计而行，随即与差人一道去了郡衙。

徐威显见了刘秉泰，沉稳练达的刘秉泰对打虎之事故作不知，问："徐大人，如今三日期限已到，山中猛虎已除了？"

徐威显施礼说："回禀老大人。本县差犬子徐虎带人进山，已将两只猛虎全除掉了，死虎现在县衙。"

刘秉泰胸有成竹，说："原来如此。营廓镇竟然来人，说虎是他们除掉的。"

徐威显愕然，心想，没想到营廓镇有人抢先一步到郡上来了。想起衙役正在县衙逼周大龙等人承认猛虎是徐虎打死的并让他们画押，一会儿便可为自己证明，说："营廓镇是有人进山除虎，但他们见两只猛虎已被犬子除掉，竟生歹心，仗着人多势众，将虎抢走，暴打了犬子。事后怕受严惩，不得不将死虎送到县衙。下官为正法度，已将他们扣留。"

刘秉泰一听，愕然望一眼徐威显，命衙役："带民女木兰上堂。"

木兰被带上堂来，朝刘秉泰跪下。刘秉泰向木兰说："民女木兰，徐大人说是徐虎带人打死了猛虎，你们将死虎抢去，之后悔过，已将死虎送到县衙。到底是怎么回事，从实讲来。"

木兰朝堂上一望，见堂前坐着一位官员，正怒视着她。她知道此人定是徐威显，不禁一股怒气涌上心头，说："老爷，营廓镇乡亲冤枉！两只猛虎本是我们打死的，乡亲们抬上死虎去县衙为我父交差，哪里如徐太爷所说！"

徐威显望着木兰，向刘秉泰问："老大人，这女子是哪里来的？"

刘秉泰说："她便是营廓镇来的。"

徐威显大怒："大胆，竟敢跑到郡衙欺蒙老大人！"转向刘秉泰说，"请老大人让下官将她带回县衙，与那帮刁民一起审问。"

刘秉泰沉稳地说："徐大人息怒。她既然到郡衙'欺蒙'本郡，本郡自当审清问明后将其发落。"说着从令筒里抽出一支令箭交给衙役，"速将那些刁民和徐公子一起带来。"

徐威显立即起身，连忙向刘秉泰施礼："老大人，此案乃是本县案件，由下官审理后呈报老大人便是，何劳老大人？"

刘秉泰佯怒说："我要亲自看看这帮刁民有几个脑袋。他们竟敢光天化日之下无赖抢夺他人功劳，而且暴打贵公子，真是无法无天。待本郡审理明白，将他们以法惩处，然后为贵公子定功。"说罢又命衙役，"速去。"

徐威显一时摸不清刘秉泰葫芦里装的什么药，怕再向刘秉泰请求会引起刘秉泰怀疑，不禁尴尬，见衙役持令走出了大堂，只好思谋下一步怎样应对。于是重新坐下，心中忐忑不安。

木兰也诧异地望一眼刘秉泰，暗想，刘老爷听我禀报徐虎抢虎一事时还对徐虎气愤，为什么徐威显一来却改变了态度？

半晌工夫，衙役便把徐虎和众乡民一齐带到，众人在堂前跪下。周大龙等人齐喊冤枉。

刘秉泰仍不露形色，问周大龙等人：“徐大人说两只猛虎全是徐虎带人打死的，你们抢去死虎，又仗人多势众，暴打徐公子，事后知悔，已将死虎送到县衙，你们还冤枉什么？”

周大龙听了，又吃惊又气愤，向刘秉泰说：“老虎实不是徐虎带人打死的，真正的打虎人是木兰和赵俊生。我们抬着死虎去县衙替花老将军交差，徐太爷不论青红皂白便命人将我们拿下，逼我们承认是抢了徐虎的虎，请老爷明察。”

徐威显立即起身，向刘秉泰说：“这些刁民，明明是带着死虎去县衙招供抢了死虎，乞求下官恕罪，眼下却又翻供。翻云覆雨，实在可恶，不动刑他们是不会说实话的。”

刘秉泰示意让他坐下，说：“徐大人少安勿躁。真的假不了，假的也真不了。让他们把话说完，看他们还会如何狡辩。”便向周大龙等人问：“哪个是赵俊生？”

赵俊生立即回答：“小人便是。”

刘秉泰说：“老虎是不是你打死的，从实讲来。”

“禀老爷，我是桑柘镇人，原与营廓镇上的乡亲并不相识……小人在山中遇上一只猛虎要伤小人，便与猛虎搏斗起来。后来又来了一只，小人应接不暇。是花木兰远处放箭将第二只猛虎射死，又上去帮小人将另一只猛虎打死，有小人身上的虎血为证。没想到徐虎带人不知从哪里跑了出来，要夺死虎。小人和花木兰与其争辩，徐虎便命人抓捕我俩，因此双方打了起来。徐虎他们落败，声言回去要让徐太爷派兵抓我们。我们将死虎抬回，去县里为花老将军交差，不想徐虎又在徐太爷面前耍无赖。周大龙说了句'难道太爷昏聩，会信你的'，惹恼了徐太爷。徐太爷命人将我们押出大堂，逼我们说谎，郡衙的差役便到了。"

刘秉泰吃惊，问徐威显："竟有此事？"

徐威显狡辩说："他们无中生有，颠倒黑白，还竟敢诬蔑朝廷命官，本县是想教训他们一下，让他们不要放肆而已。"

刘秉泰望着周大龙等人关心地问："衙役可曾对你们用刑？"

周大龙说："因为徐太爷被老大人传来，衙役心有余悸，并未动刑。"

刘秉泰想，既然如此，此事暂不与他理论，待审清案情再说。便问徐虎："徐公子，你说老虎是你们打死的，将你们打虎的过程详细说来。"

徐虎事先没有准备，只好支支吾吾地说："是……我和差役们发现了两只猛虎，上去一齐动手，就把猛虎打死了。"

"你们伤着了老虎什么部位？"刘秉泰盯着徐虎问。

"我们……我们打死了猛虎，只顾高兴，没看伤着了猛虎什么地方。"

"是用什么器械打死的？"刘秉泰又问。

徐虎不是打虎人，哪里说得清楚，便含含糊糊地说："乱刃之下，也不知怎么，就把老虎打死了。"

"啊！"刘秉泰早已向木兰问明了打虎过程，心中有底，又见徐虎说话吞吞吐吐，闪闪烁烁，更加确认木兰和周大龙他们所言不虚。向赵俊生说："赵俊生，你说老虎是你和木兰打死的，详细说来，你们伤了老虎什么部位？"

赵俊生说："一只是被花木兰射中了面门，一只是被小人用双刀刺入腹中，虎血喷了小人一身，请老爷明察。"

刘秉泰望着赵俊生一身血迹，心想，这小子倒是聪明，竟然穿着血衣来了。命令衙役："将死虎抬上来验看。"

徐威显一听，站了起来，说："老大人，下官有话说。"

刘秉泰说："徐大人请讲。"

徐威显振振有词说："他们的证词不足为据，那两只猛虎是徐虎和众衙役用箭和刀杀死的。"

刘秉泰见他还要狡辩，便问徐虎："徐公子如实讲来：是何人放的箭，何人动的刀？"

徐虎结结巴巴地说："当时……大家是一齐上去的，我没看清。"

衙役将死虎抬上堂来，刘秉泰让徐威显与他一同验看，见果然和赵俊生说的不差分毫。又见射入一只老虎面门的箭露在外面的已被截断，心想：难道是徐虎为毁灭证据所为？他立即让衙役将留在老虎脑袋里的残箭拔出，擦去上面的血迹，仔细观看，见箭上有一"花"字，便向徐威显展示说："徐大人看，箭上标记是'花'字，应是花家之箭。"

徐威显张口结舌，无可辩驳，脑门上浸出汗来。徐虎也惊慌地望着刘秉泰，无言争辩。

刘秉泰向徐威显问："事实已明，徐大人还有何话说？"

徐威显满面窘色，无言答对。

这时木兰又说："老爷，小女还有冤枉。"

刘秉泰立即说："从实讲来。"

木兰说："徐太爷事先到我家去，命我爹进山除虎，第二天派人跟我爹一起上山。所派的人不但不帮我爹打虎，在我爹与猛虎搏斗时还不让乡亲们上去帮忙。我爹身有旧伤，武艺不能很好施展，结果被虎所伤，幸亏乡亲们不顾拦阻，上前救下。小女想问徐太爷，派人跟我爹前去，是要助我爹，还是要害我爹？"

刘秉泰一听徐威显事先便向花弧使了心计，更是惊诧，转脸问徐威显："徐大人，这是为何？"

徐威显狡辩说："下官是怕花弧除不了猛虎，才派人跟他去帮忙的。是花弧怕人分了他的功劳，非要一个人上前，才被虎伤了的。"

"那么，官差又为何阻拦乡亲们上前救助花弧？"刘秉泰又问。

徐威显又无言以对。这见官司输定了，只得破釜沉舟，向刘秉泰威胁说："老大人，本县是朝廷命官，请老大人明断。"

刘秉泰见他黔驴技穷，竟然以此相威胁，知他仰仗杨凌素的势力，心中气愤。但碍于众乡民在场，不好与他理论，便撇下他们父子暂且不管，让师爷把各人的供词当场念了一遍，确认无误，然后令一干人等一一在笔录上画押，当众宣判："证据确凿，真相已经大白，两只猛虎是木兰和赵俊生打死的。乡民代花弧交差，原本无罪，姑且回镇。其外事宜，暂且不论。"

众乡民开始时见刘秉泰说话向着徐威显，还有几分担心，眼下见刘秉泰如此宣判，连连叩头，"谢老爷明断！"

刘秉泰又说："花木兰和赵俊生除虎有功，明日来郡上领赏。众乡亲为救花弧，进山打虎，仗义勇为，本郡也要嘉奖！退堂。"

众乡民走后，徐威显觉得无法下台，怕刘秉泰顺藤摸瓜查究下去，暴露更大的问题，央求刘秉泰说："请老大人不看僧面看佛面。看在尚书仆射的面上，网开一面，下官定不忘老大人恩情。下官向尚书仆射打个招呼，让他在皇上面前为老大人说些好话，定保老大人官职晋升。"

刘秉泰知他怯惧，便想先打消他顾虑，笑了一笑，安抚他说："大人对刘某如此关照，刘某不尽感谢。大人放心，刘某不是不知轻重之人。刘某如此了结此案，也是为大人着想。不然，百姓再行上告，对大人更加不利。"

徐威显又一次领教了刘秉泰的厉害，想起杨凌素在刘家渡口对他的嘱咐，让他对刘秉泰表面上顺从，迷惑其心，暗中寻找机会。他后悔自己没有很好地领悟杨凌素的指点，走了一步错棋。

第三章

代父从军，女扮男装入军营

世事变迁，风云突变，一场突如其来的战争让国家陷入了危难之中。由此，国家不得不进行征兵。花木兰为了家人，决心代父从军。作为一个柔弱的女子，她或许只会织布。然而，作为一个军人，她已然成为人们心目中的巨人。

京师点兵，代父从军

这一天，木兰从山上打猎归来，见寨门口有几个人围着一个商人模样的人，像是在讨论着什么，木兰好奇地凑了过去，就听见那人说："东都洛阳，有胡人摆下擂台，已经月余，无人能敌，于是皇帝昭告天下，能胜此胡人者赏千金封万户侯。"众人无不惊讶，有几个还奋袖出臂跃跃欲试，木兰也飞奔回家，放下猎物，直奔后院学堂，恰好父亲不在，几位师兄围在一起议论着什么。木兰不管他们在商量什么，上前就说："你们听说京城里有人在打擂吗？"

"我们当然听说了，我们也想去，就只怕师父不会答应"众人沉默了片刻，二师兄又补充道："我看，如果大师兄去和师父商量，师父一定会答应的。"就在这时，背后突然传出一个声音："不好好学习，又在偷懒不成"。

众师兄回过头一看，师父已站在了身后，木兰想爹爹看到他们谈话又要挨骂了，就撒腿跑了出去，但并没有跑出多远，只是躲到暗处偷偷地观察里面的动静。只见几位师兄并没有拿起书来，都把目光投向了大师兄，父亲看了看回道："有何话要说。"没有人应答。

"陈玉文，你有什么话要讲。"父亲叫起了大师兄。

只见大师兄慢吞吞说道："师傅，你听说京城擂台的事情了吗？"花弧点点头道："难道你们也想去试试吗？"

"不不不.师傅，我们只是想看看热闹。"

父亲用手捋了捋胡子，沉思片刻，说："去可以，但绝不容许上台打擂。"众师兄早已围拢过来，一起答道："是，师父。"

木兰心里面也很高兴，想象着和师兄一起出去的快乐。吃饭的时候，木兰对爹爹特别殷勤，这一切花弧早已明白，但装作没有在意。木兰心里想着，怎么和爹爹说呢。想着想着，突然心里暗暗叫了一声，便对父亲说："爹，我最近采了好多药材，想去京城把它们卖个好价钱"

花弧沉下脸来，把筷子一放说道："该不是想去打擂了吧。"

"爹爹怎么冤枉人家啊。"木兰说罢，转身委屈地抹了几滴眼泪。

"你瞅瞅，你瞅瞅，又来了不是，都是你把她宠坏了。"

"你还说我，不是你教她舞棒弄枪，打打杀杀，她会这样吗。"老夫人嚷道。

"不是你处处依着她，我会教她吗？"

"别吵了，我不去你们就省心了不是。"

花弧无奈地说："我说不让你去了吗。"木兰一听即刻高兴地跳了起来："爹爹，那你是答应了我啊。"花弧只好摇摇头道："不可救药"。此时木兰再也不想吃下去了，飞跑出门去见她的几位师兄弟了。

夜深了，木兰却怎么也不能入睡。父母早已睡熟了，而她翻来覆去，最后竟坐了起来，天空很晴朗，于是木兰就出来数起星星来，不知何时母亲在另一屋悄声喊道："木兰，怎么还不睡觉啊，你明天还要出远门呢。"

"知道了，娘。"木兰答道，心想着，是啊，我明天还要出去呢。

"这么大了，睡觉还蹬被子。"母亲边说边帮木兰把被子盖上。

"哎呀娘，人家刚睡着，又被你给弄醒了。"

"天气转凉了，窗子也不知道关上。"

母亲还在喋喋不休地说着，而木兰早已无心听下去了。

"该起床了，木兰。"母亲的轻声呼唤把木兰的睡梦叫醒，此时天已经大亮，木兰赶紧收拾穿衣，几位师兄早在外面等候了，父亲还在对大师兄叮嘱着什么，只见他一个劲儿地点头。

之后木兰便和几位师兄一起上了路。来到京城，众人不顾旅途劳累，直奔擂场。远远望见台上有人在厮打，台下有人在呐喊。木兰等人走近时，台上的一个人已被打了下来，另一大汉在挥拳示威，不用说，这人定是那个摆擂的胡人。接着又是一阵呐喊声，一个人又上了擂台。只见那胡人虎背熊腰，络腮胡子赛似钢针，上身赤裸，胸前漏出一簇黑毛，往台上一站，恰似一头黑牛。只几个回合，就把上来的人打翻在地。接连又有几个上来，但结果都被打得狼狈不堪。第二天也是如此，第三天也是，后来人就越来越少，甚至没有人敢上去挑战了，那胡人越发猖狂，挥舞着双拳向台下示威。终于有人按捺不住了，飞身上了擂台，台下一片欢呼。二师兄一竖大拇指，"就凭这一手，绝非泛泛之辈"。这时，台上已经开战了。来者是一个十七八岁，英姿矫捷的青年。与那胡人战了十几个回合不分高下，台下众人为他呐喊助威，都寄希望于他了。那胡人也觉得来者不是等闲之辈，于是倍加小心，一拳紧似一拳，招招暗藏杀机，渐渐地占了上风，台下已经有人开始惊慌，喊那青年快撤，而胡人哪里肯放，早已把他逼到了一个台脚，已无路可退。就在这个危急关头，人群中越起一人飞身拦截了那胡人的致命一拳，稳稳地站在了台上，只见来者是一个大高个，红脸膛，略瘦，大约二十几岁，双拳紧握，显得十分强健有力。

"好。"木兰随众人一同向那人叫好鼓劲。

只见那胡人被这突如其来的人，吓得不由自主地后退了几步，但很快又向这位壮士挥起拳头。然而壮士并没有着急还手，而是躲躲闪闪。胡人以为此人没有什么大不了的，就加紧了步伐，壮士瞅准一个机会，一拳打在胡人的后背，胡人踉跄了几步，趴在了台上。这时台下一片欢呼，木兰也挥动双手，呼喊助威。胡人受了这样的羞辱，红着脸向壮士展开了又一次的疯狂进攻。而壮士闪、腾、挪毫不费力地化解了胡人的进攻，表现出高超的武艺功底。胡人见进攻得不到丝毫的效果，动作开始慢了下来。壮士乘机左拳直取胡人的门面，胡人双拳向上招架，壮士又伸出右手，一拳打中胡人的鼻梁骨。顿时，胡人满脸开花，紧接着壮士又飞起一脚，将胡人蹬下擂台。一连串的精彩动作，把台下的人看得目瞪口呆。钦差手捧彩头向壮士道喜，而壮士跳下擂台，迅速消失在人群中。

回来的路上，木兰不停地重复那壮士最后取胜的几招，二师兄说道："木兰，快停手吧，再不停手，大师兄就要生气了。"木兰瞪了一眼，大师兄果然一副吃醋的样子。

返回路过一座城门时，见有许多的人围着一张黄榜，于是他们也很自然的凑了过去。只见上面写道：胡虏屡犯我边疆，杀我边民，掠我粮草，为保国保民，誓与决战，点兵如下。……

"哎呀，怎么还有师父的名字呢？"二师兄惊讶道。

大师兄说："也许是重名重姓呢。"

二师兄点了点头，"也是，师傅都这把年纪了，怎么可能点到他老人家呢。"木兰看见了父亲的名字，开始也很紧张，后来听两位师兄一说便松了口气。即使如此，大家的心情还是一样的沉重。

后来，每到一处，他们都可以看到黄榜和上面父亲的名字。木兰隐约感到，事情可能不会像师兄说的那么简单。到了寨门口，见一黄榜，木兰一眼就看到了"花弧"二字。

木兰呆愣了一会儿，才回过神来，几位师兄已不知何时离去。木兰飞奔回家，一进门就觉得气氛很是沉闷，母亲和姐姐在一声不响地织着布，眼里似乎含着泪花。见到木兰，母亲强装笑脸说："啊，木兰你回来啦，饿了吧，娘这就给你做饭去。"

"爹呢？"木兰问姐姐，姐姐却将脸扭向一旁，偷偷地擦泪。木兰又奔到后院，老远就看见父亲手抚多年不用的大枪坐在石凳歇息，另一只手不停地捶打着发颤的双腿，大师兄在一旁垂手站立。

木兰返身回到自己的房间，躺在床上不禁地抽泣起来，突然木兰坐了起来，脑海里闪过一个很胆大的想法，随即从房里走了出来。恰好父母和姐姐都在，于是木兰郑重其事地说："爹娘，弟弟，我要女扮男装，替父从军。"没有等他们反应过来，木兰补充道："不用多说了，我决定的事，谁也改变不了，就这么定了。"

母亲和姐姐早已泪流满面，花弧也老泪滑落了，无奈地叹了口气，点头答应了木兰。

第二天，花弧便带男装打扮的木兰去集市购买所需之物。路上，花弧给木兰讲了一些军中之事，又讲到战马，战场上，要战胜敌人保全自我，战马是很好的伙伴，今天就是倾尽家中财产也要为你买上一匹上等良马。木兰想和父亲争辩，被花弧制止道："儿呀，这次就听爹的吧。"木兰点了点头。

然而好马并不好买，父女俩走遍了集市也没有选到中意的马匹，只买了一些鞍鞯、辔头之类的东西。第二天一大早，父女俩又来到马市。成排的马匹，个个膘肥体壮，但花弧只是看了看，摇摇头。正在这时，听到背后有人说话："前面可是花弧仁兄？"木兰回头一看，原来是一个非常健壮的中年人，花弧惊讶道："原来是李广贤弟，多年不见，一向可好。"

说话的同时，两人的手紧紧地握在一起。

"花仁兄，你买马甚用？"

花弧拉过一旁的木兰说道："木兰，快来拜见你的李广大叔"。

木兰深施一礼："木兰拜见大叔。"

"我子木兰，替我从军，今儿买马为我儿出征所用。"花弧又说道。

"此次小弟也在其中，今天也是为买马而来，不知仁兄可相中良马。"

"这些马匹平常而已，我要为木兰选一匹上等的良马才是。"

"听说东市有一匹良马，是纯种的西苑马匹，可称上等，但价钱不菲。"

一听说有好马，花弧便高兴起来。

"有价即可。"

"既如此，那仁兄可速去。"于是拜别了李广，父女俩直奔东市。一进市，果然有几个人在围观一匹白马，马的主人还在一旁不停地夸赞马的优点。花弧一见，心中暗暗叫好。上前就和那人搭话，两人的手在袖内拉了拉后又点点头，价钱就谈好了。花弧叫木兰上马一试。

木兰接过缰绳，拌鞍上马，白马一声长嘶，果然有虎啸龙吟之声。木兰两腿点蹬，马通人气，四蹄蹬开，奔跑如飞，等木兰圈马回来时，见老爹已将身上所有的银两都给了那人，木兰心中一阵酸楚。父女二人向回走时又遇到了李广，二人交谈几句。李广指着身

第三章 代父从军，女扮男装入军营

89

后的几个年轻人说道："这几个都是去从军的人，明天木兰可随我等一起结伴而行。"

"如此甚好，那木兰就有劳贤弟多多关照。"

夜里，木兰和弟弟躺在床上说着分别前的话。

"木兰，快睡吧，明天还要赶路呢。"不知何时，母亲站在了木兰的床前。

"在外面自己要想着盖被子，天已经转凉了。"

"娘，我知道了。你快回去睡觉吧，以后我会照顾好自己的。"此时的木兰突然觉得自己长大了。

洒泪告别，路途结拜

天还未亮的时候，木兰便下床收拾行装，母亲走过来，悄悄对木兰说，你大师兄在门外等你。木兰见了大师兄，也不知道说什么才好，于是两个人都低着头默默地站着。许久，大师兄才从身上摸出一把短剑说："木兰，带上它，以后会用得着的。"木兰双手接过短剑，从怀中摸出一块玉佩说："这是我亲手磨制的。"大师兄接过玉佩，紧紧贴在胸前，二人相对无言。其他几位师兄也来了，李广等人也到了，木兰洒泪告别了亲人，踏上了从军的征程。

一路上，弟兄们都在三三两两地交谈着，木兰只与李广熟悉，就一直走在李广的身边，木兰问："李大叔，你怎么认识我爹的？"

"以前我和你爹戍守边疆。"

"那你见过胡人啦。"

"当然。"

"他们长得什么样子？"

"和我们一样，都是人。"

"那他们为什么要打我们呢？"

"他们住在很遥远的北海边，那里的环境极为恶劣，冬季冰天雪地，漫长而寒冷。夏季短暂而炎热，土地热的可以把鸡蛋烧熟。春秋两季狂风大作，树木会被连根拔起。一座小山，一眨眼就被风夷为平地。无边的沙漠，一年四季寸草不生，无法生存，他们便大举南迁，走到哪里杀到哪里，抢到哪里，所以我们管他们叫胡虏。"

"那他们打仗厉害吗？"

李广思索了片刻说："他们靠的是优良的战马，在草原上他们来去自如，飘忽不定，我们走一天的路，他们用不了几个时辰就走完了。所以战马对我们来说是取胜的关键，而我们的战马又极少，品质也不够优良，像你这样的战马，通常要七八个步兵来保护。"

"那就让我为这位小哥牵马缀蹬。"这时候，一个满脸稚气，脸蛋圆圆的少年走上前来，手拉缰绳，冲木兰说："这位小哥，我叫林小宝，17岁了，我爹我娘晚年得我，所以叫我小宝。"

"不敢不敢。"木兰赶紧说。

李广道："既是如此，你等不如结拜成兄弟，战场上也好有个照应。"于是各报年龄，依次排开，木兰排六，小宝排七。众弟兄双膝跪地，向天鸣誓：我等今日结拜，不求同年同月同日生，但求同年同月同日死，如有二心，天诛地灭。

说罢，响头碰地，起身后，又一一拜过李广，尊李广为大叔。兄弟间又相拜，拜完后，方才上路。

时近中午，众弟兄在一座茶亭坐下休息，亭间早已坐了许多的人，看样子都是去从军的，其中有一少年，木兰觉得好生面熟，可就是想不起来他们在哪里见过面。小二递过茶水，众弟兄就喝起茶来。这时一位鹤发童颜，精神矍铄的老者走进了茶亭，徐徐地坐下，双目微合，右手拿一把大扇，慢慢地晃悠着，大扇中间画着阴阳八卦图，旁写：相面、测字。看起来是一个造诣很深的道士，亭间众人交头接耳，议论纷纷，你推我，我推你，可就是谁也不肯去。这时花木兰看见眼熟的那个少年走了过去。只见他向那老者深施一礼道："先生，小生想早得功名，光宗耀祖，不知命中有否，请先生指点。"

"报上名来。"那老者慢吞吞地说道。

"姓金名石。"

老者点了点头，说："金神转世，又遇火乡，必是名扬天下之人，额有主骨，鼻有梁柱，必成大器，但不可向北发展。"

"为何？"

"有溺水之危。"金石点了点头，赏了银两，回到原来的座位。木兰这时才想起来，这个金石就是那天打擂的少年，看来此次从军也是为功名而去。木兰心中好生疑惑，功名利禄就那么重要吗，为何要拿着性命去换。这时又有一人，走到老者面前，同样施一礼道："请先生为我指点前程。"

老者眼皮未抬，道："獐头蛇眼，心狠手辣之人，猴鼻鼠耳，鸡鸣狗盗之徒，命犯天狗星，何谈富贵。"听后，那人怏怏地转身离开了，引得亭间一片笑声。小宝对木兰小声说道："六哥也去看看，我看你准是做大官的人。"

"我可不想去当什么官，我倒想让他给我相相我这宝马，这马是我爹花了家里所有的积蓄才买来的，说是上等的好马，不知是真是假。"

小宝一拍胸脯，这事交给我吧。小宝来到老者面前，深鞠一躬："先生能否为我相匹马？"说着用手指了指庭外的白马。老者微睁开眼看了一下，说道："此马名曰浮云，行如流水，奔似疾风，可日行千里，战场上如蛟龙出海，赛猛虎下山，是千金难买，万金难求的天下宝马。"顿时，亭间一片嘘声。片刻，亭间又有人问道："先生如此神通，那么此次与胡人交战，结果如何？"

"血雨腥风，青山埋骨，马革裹尸"。说罢，老者扬长而去。

稍作休息，木兰等人又重新上路，木兰仍与李广同行，问道："李大叔，你说此次战争真有那个老者说的那么残酷吗？"

"以往出战，也不过三年两载，这次我看也未必寻常。"

木兰点点头，李广又说："你害怕吗？"

"事到临头，怕有何用。"木兰果断地说道。

李广满意地赞道："真乃将门虎子。"

傍晚时分，木兰一行人来到了黄河岸边，那里早已扎好营寨。营门口摆放了一张桌子，旁边坐了两人，木兰一眼认出那个写字的人正是那天几拳打倒胡人的打擂壮士，李广上前抱了抱拳，那壮士站了起来，同样抱了抱拳。众人报过姓名，便进了营门，木兰问："李大叔，刚才那人，你认识吗？"

"当然认识，他是边关杰出的将领。"

木兰又问："那他叫什么名字？"

"柳云，问这做什么？"

"我曾看见过他打擂。"

众人来到一座营帐，李广朝里面看了看，挥手示意，众人走了进去。里面又黑又潮，在地上摆了些乱草算是床铺了。木兰靠门放下行李，挨着众弟兄坐下来休息。这时柳云带几个随从进来，问道："你们这里谁以前当过兵"？李广跨前一步道："我"。柳云又说道："那你就做他们的营长吧，有事就找你，还有谁有战马，报上名来。"于是，李广、木兰和金石报了姓名，写入名簿。柳云指着身边的一个矮胖子说："他是新来的，加入你们营吧，记住我们今夜的军令是思乡。"说罢出了帐营。众人便又各自躺下来休息，那个矮胖子，一头扎在木兰的身边，地方本就不宽敞，再加上这家伙过于肥胖，半个身子压到了木兰的后背，吓得木兰大叫一声："你干什么啊！"

"我在睡觉啊。"

"这是我的地方，请你离远一点。"

"这是军营，啥你的我的，怕挤回家睡去。"

二人就这样你一句，我一句吵了起来，李广赶忙过来劝阻。

"两位兄弟莫吵，互相让点儿。"又对里面的人说，"兄弟们再往里面挤一挤。"接着又问这个胖子，"兄弟贵姓高名？""不知道啊。"众人一阵大笑，矮胖子叫道："笑什么啊，我打小没有爹娘，吃百家饭长大，哪里知道姓名，不过，刚才那个大官倒给了我一个名字，他说我比较黑，就让我叫奇黑。"众人又是一阵大笑。

这时地上比刚才宽松了许多，渐渐地，累了的人都去睡觉了。而木兰哪里能睡得着，看着身边躺着这么一个浑身恶臭，鼾声如雷的家伙，心里觉得有些恶心。奇黑的鼾声很响。木兰用脚蹬了蹬他的脑袋，鼾声停了，可嘴又吧嗒吧嗒起来，接着又是一个很臭很响的屁放了出来。木兰实在待不下去了，起身走出了营房。

"口令。"有人高喊，木兰着实吓了一跳，但很快明白过来，就说"思乡"。木兰循声看去，不远处有一哨兵走来走去。

"让我替你站岗吧。"木兰走过去对士兵说。

"那怎么行，军中有令，不能随便换人。"正说话间，又有人问道："谁在那里讲话。"

话音刚落，人也到了跟前，木兰一看是柳云，答道："是我，花木兰。"

"已是三更，为何还不休息？"

"我想站岗。"

"以后会轮到你的，现在赶快回去睡觉。"

"是。"没有办法，木兰只好回到营帐。挣扎着躺下来，不远处听得见黄河的水在汩汩流淌，木兰想起了父母，想起了母亲的叮嘱。可如今，不用说盖被子，连床铺也没有，还要和一群又脏又臭的男人睡在一起，这一切何时才能结束啊……战争还没有开始，木兰就这样想着。

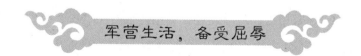

军营生活，备受屈辱

第二天早晨天亮后，大家各自坐在自己的位置开始吃一些早饭的时候，奇黑也捧着饭碗进来了，众人这才看明白这人的模样，通身黝黑，上穿早已掉色的小褂，小的只能套住两个肩膀。下身的裤子，硬的像铁一样，虽是长裤，却比短裤也长不了多少。奇黑也在自己的位置坐了下来，大概都是饿了吧，没有多余的语言，帐内只听见唧唧的咀嚼声。

"嘟"的一声屁响，划破了帐内的寂静。众人你看看我，我看看你，最后把目光锁定在奇黑的身上，然而奇黑却像什么事情也没有发生过一样，依然大口地咀嚼着碗里的东西。片刻之后，木兰刚要把饭送到嘴边，"噗"又是一个屁响，木兰实在忍不住了，大声说道："你有完没完。"

奇黑抬起头，嘴里嚼着饭，愣愣地看着木兰。木兰又问道："你有完没完？"只见奇黑慢慢地掀起半个屁股，"噗"一个更响的臭屁放了出来，弄的在场的人哭笑不得。木兰把自己的碗筷向奇黑的面前重重一甩，说："你自己吃吧。"说完起身出了营帐，走出来好远，却又听见奇黑在后面喊道："谢谢这位仁兄。"

这一天，黄河渡口，众人排起了长队，等待过河，奇黑就排在木兰的前面。他不时地回过头来，想和木兰搭话，但木兰只装作没有看见，不予理睬。身后的小宝看得清楚，指点道："你这黑鬼竟敢欺负我家六哥，看我怎么收拾你。"

说罢，就拉开架势，准备进攻。奇黑呢，却毫无反应，傻乎乎地看着小宝。小宝抡起双拳在奇黑的胸前一顿乱砸，尽管使出了浑身力气，而那奇黑纹丝没有动弹，嘴里还嚷着："这么小的力气，没有吃饭吧。"

"你还不服啊，给你一点狠的瞧瞧，让你知道我林小宝的厉害。"话毕，小宝后退几步，看看奇黑仍旧在那里一动不动，于是运了运气，猛地向奇黑撞了过去，只听"扑通"一声，再看，奇黑什么事也没有，小宝却被反弹了回来，一屁股坐到地上，嘴里说："六哥，我给你报仇了。"

弟兄们陆续上了船，可浮云就是上不去，任凭小宝在前面拉，木兰在后面推，还是一动不动，后面已经有人在催了。只见这时奇黑一头钻到马的肚皮下，用力一扛，浮云便上了船。

大军渡过黄河，继续向前进发。一天，李广接了道令，带着几个人走了，并让其余坐下来休息，不一会儿，又有人过来，叫走了几个。再有人过来时，只有木兰和奇黑两个人了，于是他们跟了过去。在一片被伐倒的大树旁边，他们停了下来，那人指了指说："抬到外面去，搭浮桥。"说罢，就离开了。

奇黑抬起一根大木的一端，毫不费力地扛在了肩膀，等木兰抬木头的另一端。木兰上前用了用劲，半天也没有扛起来。奇黑就笑道："扛不动就说出来。"木兰白了奇黑一眼，又运了运气，猛一下将木头扛了起来。木兰觉得肩骨咯咯作响，喘气都有些困难，但还是咬紧牙关，坚持下去。到了岸边，奇黑在后喊："一二，扔！"木兰被大木震的肩膀发麻，但她咬咬牙关揉揉肩，什么也没有说。这时有人喊："你们两个过来。"

二人回头一看，原来是柳云在叫他们，二人走了过去。柳云说道："奇黑，你是怎么干活的？"

"我是很卖力的呀。"奇黑争辩道。

"你看你，这么强壮的身体，抬木头时却抬小头，让这位身单力薄的花兄弟抬大头，还说你很卖力。"柳云毫不客气地说道。随之又补充说道，"胡虏就是仗着他们人高马大才来打我们的，因此我们只有团结起来，才能战胜他们，大家在一起都是弟兄，要互相帮助才是，明白吗？"

"是，将军。"奇黑高声应道。

"还有木兰，你要记住这里是军营，不是家里，不要再为一点很小的事情斤斤计较，要学会宽厚待人，知道了吗？"

木兰点了点头。

"好了，明白就好，快去干活吧。"

这次没有等到木兰伸手，奇黑就扶起一根很大的木头，抱着跑了。

大队人马不停地向前进发，不知走了多少天。这一天，正行走间，前面的部队突然停了下来。不多时，就有人喊："闪到一旁，让出路来"。众人正议论怎么回事时，前面就有人匆匆过来了。一看前方尽是伤兵断臂的，缺腿的，浑身上下血淋淋的。木兰问旁边的李广："李大叔，这是怎么回事？"

李广道："一定是前方打了仗。"天黑以后，待众人进账休息时，把营帐让给伤兵的住。无奈，众人只得露天而宿。弟兄们挤在一起互相取暖，木兰坐在篝火旁边，无法入睡。远处不时传来战马的嘶鸣声，木兰抬头望了望漆黑的夜空，不禁又想起了爹娘，母亲也许又在想谁来给自己盖被子的事，可她一定不会想到现在她的女儿在外露宿呢，脆弱的眼泪又一次不争气地滑过脸庞。

部队在这里驻扎了好久，仍没有开拔的动向，后来竟开始了军事训练。这一天，他们练习跨越障碍物，前面的人一个接着一个跨了过去，轮到木兰的时候，木兰学着他们的样子向上一跨。结果身子上去了，腿却怎么也不能上去，就在这时，突然觉得后面有人托了一把，身子一下子翻了过去。木兰回头一看原来是奇黑，顿时火冒三丈，叫道："你这黑鬼，你要干什么。"

奇黑一看形势不对，哆哆嗦嗦说："我想帮帮你呀，干吗发这么大的脾气。"这时，柳云走了过来，问怎么回事。奇黑道："我看他翻不上去，就帮了他一把，他就吼了起来。"木兰气得实在憋不住了，吼道："那你干吗摸我的屁股！"

柳云道："你的屁股很娇贵吗？战场上你这样，胡虏就会把你的屁股割下来当馒头啃。"

众人一阵大笑，柳云又道："大家往后靠一点，让他自己再过一次。"

木兰哪里受过这般羞辱，心一横，脚一蹬，使出一股急劲，翻了过去。

转眼间，春暖花开，经过一个冬天的训练，木兰成了一个名副其实的士兵。这天刚吃完饭，军中便响起了急促的号声，众人立刻奔向操场集合。集合完毕，柳云大声宣读帅令：前方发现小股胡人在洗劫村庄，令我部骑兵即刻前往救援。

小宝早已把战马备好，于是木兰提枪上马，跟随柳云冲出营寨。不多时来到那个村庄，村子里到处都是尸体和燃烧的房屋，唯独不见胡人的踪影。将士们在附近转了一圈，没有发现什么，柳云就下令收兵回营。刚要走时，一阵娃儿的哭声传了过来。循声看去，是一个两三岁大的孩子，木兰下马将那娃儿抱起来。

"放下。"柳云命令道。

木兰犹豫了下，最后放下了娃儿，后退几步，又看了看柳云。柳云一挥手，"上马回营。"

将士们已经走了，木兰再次看了看那哭着的娃儿，猛地转身上了马，向他们追去。突然，小腹一阵疼痛，不好，女人的麻烦事情来了，木兰偷看了四周，没有人注意到自己，立刻下马钻进了路边的树林。如此反复了几次，引起了柳云的注意，在木兰又一次进了树林的时候，柳云提马走了过来，见木兰马鞍上有些血迹，柳云好生奇怪，心想：今天未动一刀一枪，他怎么会受伤呢。这时，木兰走了出来，见到柳云，不免有一些紧张，但很快又平静下来。柳云问："木兰，你没有事吧。"

"没事。"木兰边说边抓缰上马，这时，木兰也看见马鞍上面的血迹，偷看了柳云一眼，见没有什么反应，也就放下心来。而就在木兰抬腿上马的瞬间，柳云看得清清楚楚，心里已明白了八九分。二人驱马并行，柳云问木兰："家住哪里啊？"

"华山，花家寨。"

"为什么要当兵啊？"

"圣上点兵时点的。"

"家里还有什么人呢？"

"爹娘和一个小弟弟，你呢？"

"我家住在长城脚下，世代从军，一次胡人攻破长城，杀进我们的村庄，我的妻子和未满月的孩子都被他们杀害。"

"所以你仇恨胡人？"

说着说着，不觉回到了大营，二人互相告别各自回营。

第二天早饭过后，传令兵到，高喊："花木兰接令。"木兰上前一步跨起听令。

"木兰调往后营担任担水劈柴火军头，即刻前往。"

李广等人围拢过来问木兰这是为何。木兰也不解其意，但还是收拾好行装，告别了众弟兄，去了后营。木兰进了后营，见营内尽是老弱病残，无一青壮者。木兰心想，调自己来后营无非是做些重活，这有何难。于是主动担当了重任，每日里担水，劈柴，不停地干着。

一天，木兰正在劈柴，就听到背后有人议论自己。一人说，这个后生还挺能干的，另一个又说，准是贪生怕死，使了银子才调到后营的。木兰听到这些话，心里很是生气，转过头来，怒目而视，吓得这二人慌忙离开。木兰气冲冲地去找柳云，听守卫的说他去了对面山头，不知何时才能回来。木兰拉出战马，直奔山头，走到半路正撞柳云。木兰气冲冲地说："柳将军，我有话要给你说。"柳云让随行的士兵先回去，独自和木兰在一起。

木兰问柳云："为何将我调往后营？"

柳云没有回答，只是抬头看着远处的一对野鸡，说："木兰，你看那只雄鸡，羽毛艳丽，身姿高大，声音浑厚，这是为了抵御敌人。而那只雌的却是灰白羽毛，便于隐藏，它的任务就是在后方繁衍哺育它们的后代。"

木兰一听，更加生气，但又说不出话来。过了一会儿，柳云又指着一对野兔，说："它们表面上是分不出来雌雄的，仔细辨认才能看出，雄兔前爪不停地挠动，十分警觉，它是在观察周围的动静，雌兔眼睛眯着，它在雄兔的保护下，显得十分安详。"木兰再也听不下去了，张弓搭箭，射了过去，双兔受惊，急奔而去。木兰道："双兔傍地走，怎么能够辨出雌雄。"说罢，扬鞭催马，回了大营。

不久，木兰又调了回去。一天，有人高喊骑兵速速集合。木兰赶紧跑了过去，集合完毕，柳云说道："前方发现胡兵探马，令我等速去截杀，活要见人，死要见尸，若放走一个，论军法处置，出发。"

木兰接过小宝备好的战马，跟随众人冲出营门。大约急行了半个时辰，来到一座山脚，收住脚步，众人下马，柳云道："花木兰留下看马，其余的和我到林中埋伏。"木兰心中不悦，但军令难违，只好服从。木兰藏好战马，坐下休息。时近晌午，仍不见动静，木兰有些按捺不住，向柳云那边望去，但什么也没有看见，好再坐下来。

突然听到杀声四起，木兰腾地站起，向那边望去，不久就见一个人慌慌张张向这边跑来，木兰立刻警觉起来，握紧了大枪。等那人到了跟前，木兰突地跳了出来，大枪一指，喝道："哪里走！"那胡人被吓了一大跳，但很快从腰间抽出短刀，向木兰刺来，木兰闪身躲过，用枪簪猛砸那人的后背，他扑通一声摔倒在地，刀也飞了出去。木兰掉转枪头猛刺下去，那人就地一滚，木兰再刺，突地刺进石缝，拔不出来。那人早已站了起来，挥拳横扫，木兰一低头，那人又飞起一脚，木兰一侧身，险些被踢中。木兰坐拳一晃，右拳直冲那人的面门，随后又是一脚，将那人踢了个仰面朝天，木兰又扑了上去，那人一个野兔蹬鹰，一脚把木兰蹬了起来，木兰"啊呀"一声，摔出了好远，头脑发胀，嗡嗡作响，眼见那向自己扑来却无力反抗。那人骑到木兰的身上，双手紧紧掐住木兰的咽喉，木兰只觉得呼吸困难，双手乱抓。突然抓住了腰间的那把短剑，于是向那人光光的肚皮刺去，顿时，觉得呼吸畅快多了。她又深吸了一口气，把短剑横向一划，将那人的肚皮划了长长的口子，只听"啊"一声，那人就栽倒在地。木兰在那人的胸前又是一气乱刺，确定那人已经死了，自己也栽倒在地，大口大口地喘着粗气，这时有人喊："柳将军，这儿还有一个。"众人立刻赶了过来，柳云一把扶起木兰，叫着木兰的名字，木兰侧脸看了一眼那个被自己杀死的人，那人两眼突出，肚皮汩汩流血，肠子滑落了一地，木兰"哇"的一声，吐了一地。柳云说，不错，木兰也杀掉了一个胡兵。

雁门关行，险些丧生

一天，李广回到营中，告诉大家一个消息，营中最近又征来许多新兵，还见到了家乡的人。在这远离家乡的地方，能听到家乡的消息，大家都很高兴。木兰问："有我的消息吗？"

"有，有个花家寨的人。"

"什么人？"木兰忙问。

"好像叫陈玉文。"

"什么，他也来了，那不是白白来送死吗？"说着，木兰几乎跳了起来，众人都被木兰的举动愣呆了，不知这陈玉文是木兰的什么人，到底是怎么回事。木兰又说："不行，我得去看看。"

说完，就往外走，李广忙叫住木兰，说："别去了，他们已经去了雁门关。"

木兰手扶着帐门站了许久，问道："有我爹娘的消息吗？"

"有，他们还好。"

木兰点了点头。

傍晚时分，突然传下令来，要大家做好出战的准备。果然，天一黑，就响起了集合的号角。不一会儿，所有的将士都已整装待发。"出发。"一声令下，众将士踏着星光，朝前面急行。天快亮的时候，部队才停了下来。立在前面的是两座大山，地势十分险要。木兰问一旁的李广："这是什么地方？"李广没有抬头的回答："这就是雁门关。"

"这么高啊。"

"不高，怎么能叫雁门关呢，就是大雁也要从这城门洞中飞过。"

"那我大师兄也是来这里啦？"

"你大师哥兄谁？"

"就是陈玉文啊。"

"哦，哦。"李广恍然大悟，点头是。木兰抬头看了看，只看见黑压压的人头，哪里去找自己的师兄。随着前面的一阵喊杀声，攻关开始了。众将士潮水般冲向城头，城上面的人万箭齐发，滚木雷石冰雪一样砸了下来，城下顿时倒了一片。"咚咚——"就在木兰前面不远处，一排排战鼓响了起来，号角声也直叫。攻城的将士踏着前面的尸体开始架云梯攻城。打头的士兵被打了下来但很快又有人爬了上去，终于有人又接近了墙头，但紧接着云梯就被掀翻了，上面的人掉了下来砸到了地面，惨叫声响成了一片。第一次冲锋退了下来，伤员也一个一个地抬了下来。木兰赶忙上前，挨个挨看是否有大师兄。伤员个个是血肉迷糊，哪里还能分辨出是谁，木兰跑遍了伤兵营，也没有见到大师兄的影子。

接着，又是一阵催阵的战鼓声，攻关又开始了，木兰前面的一些人也被调了上去。一阵喊杀声过去，又是一批伤员被抬了回来，还是不见大师兄的影子。不知他现在是死是活，但听到下来的人说，攻城的人，十有八九死在了关下。

连续攻打了两天，仍无进展，队伍向另一个方向进发。经过半天的行军，来到一个山冈，漫山遍野都是双方战死的人。柳云和几个战将在一起指指点点，就在山冈上摆开了阵势，不多时，山下的胡兵在一片喊声中冲了上来，一员胡将，跨下黑马，手使一把车轮板斧，冲在最前面。

"放箭。"柳云一声令下，万箭齐发，那胡将抡板斧，砍翻几名弓箭手，杀入军阵，两员战将迎了上去，只一个回合，便纷纷落马，又有三匹战马冲出本阵，截了那胡将，战在一起。后面的胡军被密集的箭压了回去，那胡将也不得不倒拖板斧，退了回去。没有多时，胡军又冲了上来，这次他们的战马披了铁甲，前面的一排人清一色虎斗盾牌，弓箭失去作用，柳云骑在马背挥枪大喊："杀啊。"带头冲入敌阵，木兰见状，也带着小宝、奇黑他们冲了下去，迎面正遇到了刚才那个使板斧的胡将，二路人马打对头，木兰闪过了迎面的板斧，两脚点蹬，马往前窜，绕到胡将的后面，木兰随之一枪，结束了那人的性命。枪还未拔出，木兰就感到后面有人在晃动，知道不好，奇黑也喊木兰小心，随之将手中的大刀飞了出去，只听"啊"一声，那胡将又被砍死。那个使板斧的胡将，见顷刻间损失了两员大将，急得哇哇怪叫。在步兵中，横冲直撞，虎镗羊群一样，面对疯狂的敌将，木兰丝毫没有惧怕，果断地迎了上去，二人战在了一起，那胡将力大斧沉，而木兰机智勇敢。奇黑在一旁帮不上手，急得团团转，后来转到胡将的背后。胡将的战马，鬃尾乱炸，踢跳咆哮，奇黑上去一把抓住马尾，用力向后坠，嘴里还不停地说，我让你跳，我让你跳。那马无法挣脱，急得前蹄刨地，小宝抓过一把挠钩，钩住了那马的前蹄，然后奇黑在后面把手一松，扑通一声，马失前蹄，那胡将被摔了下来。奇黑一个恶狼扑食，将那胡将骑在身下，双手又抓住胡将的头发，用力向地面撞去，小宝捡起胡将的板斧，对奇黑说："黑哥，快用这个。"奇黑接过板斧，咔嚓照那胡将的头劈了下去。这一战，杀的是天昏地暗，日月无光。木兰只是觉得胡军是越来越少，最后竟没了踪影。木兰勒住战马，见身边只有小宝，便问："其他的人呢？"

小宝用手一指："黑哥在那儿。"木兰望去，看见奇黑正在割着人头，木兰问："你在干什么？割那些人头做什么？"奇黑站起来，边挂人头边说："拿回去交差。"木兰等人回去的时候，其他的人已收了兵，有的在休息，有的在包扎伤口，木兰也受了伤，于是找了个无人的地方，解开大带，看见腿上、肩上都在流血，就在木兰不知道该怎么办的时候，突然背后有人叫道："木兰。"木兰吓了一跳，慌乱穿好衣服，回头一看，原来是柳云。柳云说道："这是伤药和绷带，赶快包扎一下，部队马上出发。"

木兰找到了李广等众弟兄，却唯独不见结义的二哥，大家都说，怕是阵亡了。

部队连夜出发，木兰和李广走在一起，问："我们这又是去哪儿？"

李广道："刚刚接到命令，我军已攻下雁门关，我们这是抄后路截杀那些从那里逃出来的胡人，刚才那一仗是杀败前来支援的胡军。"大约走了半夜，最后在一座山前停了下来，柳云下令，将战马拉到山后隐蔽，众将士在两侧山坡埋伏。

此时，已是人困马乏，躺下来的士兵一会儿就睡着了，木兰也躺了下来。突然，喊杀声四起，把木兰从梦中惊醒，睁眼时，天已经大亮，众弟兄已杀了出去，身旁的奇黑还在呼呼地睡者，木兰提起他的耳朵喊道："快起来，胡兵杀过来了。"话音未落，十几个胡兵朝这边跑了过来，木兰提枪在手，迎了过去。他们把木兰围在中间，一步步地逼近，这时听见奇黑大吼一声，跳了过来，大斧一抡，吓得十几个胡兵四散奔逃。

木兰，奇黑会合了李广等弟兄，随后掩杀。正杀时，不知哪里飞过来一块石子，正中木兰的头部，木兰只觉得天旋地转，眼前一黑，就什么也不知道了。不知过了多久，木兰才渐渐有了知觉，身子晃晃悠悠的被人抬着，听到好多踩在烂泥的脚步声，木兰想睁开眼睛，却怎么也不能做到，天上还零星地下着小雨，雨水顺着脸颊，一直流进了木兰的嘴里。木兰想说话，但什么也说不出来，只是把嘴角动了动，就听见奇黑在一旁高兴地喊："木兰醒了，木兰醒了。"接着也听见李广和小宝他们的喊叫声，木兰终于睁开了眼睛，众弟兄都在看着自己，木兰想坐起身来，脑部又是嗡 的一声，昏了过去。

又不知过来多久，木兰再次睁开了双眼，这时看见自己躺在一座宽敞明亮的大帐里，小宝和奇黑在一起守着。见木兰醒了过来，奇黑一把抓住木兰的手说："花兄弟，你可把黑哥我吓死了。"边说边把木兰的手紧紧地贴在胸前，木兰想抽回自己的手，无奈奇黑的力量太大，太为真诚，把木兰感动了。

一天，柳云来看望木兰，问候过后，说道："这次多亏了小宝和奇黑，要不是他们坚持把你抬上，又精心地照顾你，恐怕你现在早死在哪个地方了。"奇黑憨憨地说："都是自家兄弟，还说这些。"临别的时候，柳云又默默地从怀中摸出一个布包，递给了木兰，说："这是他的遗物。"然后，很快走掉了。

木兰打开布包一看，正是自己送给大师兄的那块玉佩。木兰手捧玉佩，放声大哭，在一旁的小宝和奇黑都被木兰的突如其来的举动弄呆了。

木兰的身体慢慢地恢复过来，又重新回到了营中。自此以后，每遇战斗，木兰总是奋不顾身，勇猛杀敌，早已忘却了自己。历经了无数的战斗，木兰从一个普通的士兵成长为一个名副其实的主力战将。

第三章 代父从军，女扮男装入军营

第四章

女中豪杰，智勇双全压群雄

花木兰的英勇事迹闻名于世，她在战斗中屡屡获得功绩，不得不说是女中豪杰。花木兰不仅有着不亚于男儿的胸襟与智慧，同时也具有敢作敢当、奋勇直前的性格，在边关的风云生活中，她无疑是一个神话。

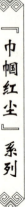

路遇刺客，魂飞魄散

木兰和赵俊生赶到黄河边时，天已完全黑了下来，摆渡的艄公已经收船歇息。他们望着夜色里的黄河，只能听见水浪咆哮的声音，却看不清河里的状况。

艄公就住在河边的窝棚里。两人见窝棚里已亮起灯火，便下马走了过去，问艄公是否还可以摆渡。艄公说河中浪险，晚间不便摆渡，便好心地让他们在窝棚里住下。第二天早上，便将他们摆渡过了黄河。

之后他们晓行夜宿，这天来到邯郸境内，邯郸城隐隐约约出现前方。赵俊生向前一望，把马放慢，手指前方，"木兰，你看……"

木兰闻声，转过脸去，瞥了他一眼，责备说："你又忘了！"

赵俊生忽然领悟，后悔地说："哦哟！是是是，我说错了，木棣贤弟！"

木兰说："哥哥，千万记住，以后不要再叫错了。"

赵俊生笑了笑："所幸这里就咱们两个，没有别人。"

木兰慎重地说："没人时不牢记，待有人时再叫错了，一定引起人家怀疑，让人家看出我是女子来，如何得了？"

"你说的对。"赵俊生点点头说，"木棣贤弟，你看，前边就是邯郸城了。你我兄弟二人只顾赶路，实在有些疲累了。眼下肚子也饿了，我们的干粮已经吃完，马也需要歇息，喂些草料，咱们到城里找一个合适的旅店住上一宿如何？"

木兰说："大哥说的是，咱们进城去。"

两人进了邯郸城，天已经黑了下来。但见城里大街上车马辐辏，两边处处灯火，人群熙攘。再往前走，见街旁一家旅店门前挂着一块木牌，上有"鲁家客店"四个大字。

二人来到店门前下马。店小二连忙走过来招呼："二位客官，是吃饭，还是住店？"

赵俊生问："店里房子可宽绰？"

店小二说："要说住店，房子宽绰洁净，这条街上就数我们鲁家店了。今日幸好客人不多，上房还没有住满。二位客官，请吧！"

赵俊生望一眼木兰，"贤弟，就住这里吧？"

木兰点了点头："好。"

店小二上去将二人的马接了过去。两人随他进店，见到厅里柜台后面，坐着一位五十多岁的男人，头发、胡子全没有，脑袋像个油葫芦，又光又亮。店小二指着那人说："这是我们的鲁掌柜。"

鲁掌柜见他俩进来，连忙起身，满面堆笑，彬彬有礼地向两人哈腰点头，"失迎！失迎！就你们两位吗？"

赵俊生答："是的。"

鲁掌柜望望他们，"二位客官装束不俗，你们是……"

"啊，我们是到边关去的，路过此处，在店里歇上一宿。"木兰说。

鲁掌柜敬重地说："哎呀呀！原来是从军的壮士。失敬！失敬！二位高名尚姓？"

赵俊生答："在下姓赵名俊生，这位兄弟姓花，名叫花木棣。"

鲁掌柜提笔记在客簿上，又问："何方人氏？"

赵俊生答："梁郡商丘人。"

鲁掌柜一愣，仔细地望着两人，"你们是梁郡商丘人？"

赵俊生说："是啊，掌柜去过商丘？"

鲁掌柜轻轻摇了一下头，"没有，没有。"随即又"啊"的一声，好像要问什么话，但却没发问，说："我还是先给客官安排住房。正好，后院有两间干净宽绰的上房，二位就住在那里好不好？"

赵俊生问："是两个单间吗？"

鲁掌柜说："不是单间，是通房，两个床铺，二位住进去正好。"

赵俊生便说："我们要两个单间。"

鲁掌柜不解："为什么？你们两个既是同乡，又是同路，住一个房间，不是正好吗？"

赵俊生不好意思地笑了笑，掩饰说："啊……不瞒掌柜说，我夜里睡觉打呼噜，鼾声如雷。我这位兄弟睡觉极轻，我们睡在一个房间里实是不妥，还是安排两个单间吧。"

鲁掌柜说："那就有一间是配房了，只好让客官将就一下了。"

木兰说："不妨事。"

鲁掌柜便让店小二带他俩到后边去了。

赵俊生让木兰住进了上房，自己住在了一间偏房里。木兰对店小二说："麻烦你快给我们把马喂上，多加些好草好料。今夜三更，我们还要早起赶路呢。"店小二答应一声："好哩！"问他们吃些什么。

赵俊生问木兰："贤弟，你想吃些什么？"

木兰说："随便吃些就行了。"

赵俊生便说："就给我们每人来二斤大饼，另外随便送些小菜来。我们一路干渴，多上些汤水。"

"上一壶酒吧？"店小二殷勤地说。

赵俊生望望木兰。木兰说："酒就不要了，快些上饭来吧。"店小二说了声"稍等"，便出门去了。

一会儿，店小二便把饭菜送了过来。两人在木兰房间里吃过饭后，赵俊生便回房歇息。

正是月初，木兰见上弦月已经爬上了屋顶，天不早了，便将门关好，把包裹和银枪放好，将护身的佩剑摘下来放在枕下，吹灭了灯，和衣躺在床上休息。

客店因为住人不多，显得很静。

深夜，月上中天，客店的院里蒙上了一片华光，远处响起了二更鼓，在两个房间里，木兰和赵俊生都已经熟睡。

这时候，忽然一个拿枪的黑影从后院蹿房越脊，如一阵疾风，来到了木兰住的房顶上。静夜里，他脚下踏瓦的声音咔咔作响。

木兰在睡梦中忽然被惊醒，机警地睁开眼来。她知道情况不同寻常，忽地折起身来，屏住呼吸听了听，听见了房上的脚步声。

"有刺客！"她脑子里忽然闪出一个念头，不由得一惊，急忙抓起枕下的宝剑，从床上跳了下来，躲在窗里，向外看动静。

外面"咚"的一声响，她便见一个人从房上落了下来。她凑着月光一看，影影绰绰见是一个身形高大的汉子，却看不清那人的面目，只见他双手横着一条长枪。

那大汉在房前站住脚，转身望着木兰的房门，大声地骂了起来："什么客官！你们倒走运，老子可苦透了！我杀了你们，咱们谁也别想去！"

木兰听着他这没头没脑的话，不禁心中生疑：这人是怎么回事？

就在这时，只听"哐"的一声巨响，房门被踹开。木兰见一条大汉双手端着长枪，一脚踏了进来，迎门一站，大喊着："我杀了你们！杀了你们……"

木兰见他愣头愣脑，大喊大叫，心想：难道是刺客吗？若是刺客，应该行动诡秘，不让人发现，他却为何这样明火执仗，吼声如雷？若不是刺客，为何半夜持枪破门而入？……难道是寻仇讨债的，找错了门？她见这大汉身材约有七尺来高，五大三粗，站在那里好像一座塔，手中握着的一杆长枪约有一丈来长，她觉得这枪也实在有点出奇。

大汉威风凛凛，让她不敢疏忽，暗暗屏住呼吸，看他到底要干什么。便见大汉在黑暗中向她床上瞅了瞅，大概看不清床上是否有人，便不管三七二十一，望定她的卧榻，挺枪狠命刺了过去。只听"哧"的一声，床上的被褥被刺穿，床板也被枪锋刺穿了，发出"咔嚓"一声响。

木兰暗暗庆幸，心想，若不是自己被惊醒提前做了防备，这一枪哪有命在！一颗心便不由自主地咚咚跳了起来。

她凭大汉的身段和枪法的迅猛，断定此人武艺超人。

大汉见没刺着人，将长枪拔了出来，在手里一横。房间很小，长枪很长，枪的一端一下子横在了她面前。她怕万一被伤，急忙向后一躲。大汉立刻发现了她的影子，哈哈一笑说："原来你躲在了这里！"便用枪挡住了出门的空隙，接着便向她扑来。

木兰怕被他逼到死角里，便纵身向上一跃，一个紫燕凌空，从大汉的头顶上平着身子飞了过去，落在了房门后，然后急忙转过身来，将剑锋对准大汉，大汉尚未转过身来。

如果此时她从大汉身后出手，定会置大汉于死地。但她却没有出手，因为她没弄清大汉的来路，怕惹出是非，误了到达边关的时间。

她望着大汉，百思不得其解：这人如此举动，到底是怎么回事？

大汉听到头顶上忽然有一阵风掠过，再看面前，却没有了人影，便连忙持枪向后转过身去，看见门口站着一个人，心想一定是他要找的住店的客人了，不由得心中欢喜，"哈哈！原来你跑到了这里。看枪！"话到枪到，十分神速。

木兰急忙用剑将他的长枪一磕，随即一纵身，上去抓住了他的手腕，厉声问道："你是何人？为何夜间来此行凶？"

那人并不答话，用力一挣，却没有挣脱，不由得一怔。他不相信自己的力量没有别人大，再次用力挣，依然没有挣脱，急得叫了起来。

木兰单手死死地扣住他的手腕，怒然说道："你不要撒野，回答我的话。你未进门就大喊大叫，看来不像是做暗事的人。请你把话说明白，到这里到底要干什么？免得我误伤了好人。"

大汉这才问道："你可是今天来的从军的小子吗？"

木兰见他说话如此粗野，便说："你为何这样说话？我们是从军去的，但却不曾得罪你。"

大汉说蛮不讲理，说："是从军的我就要杀，叫你们一个也去不成！"

木兰不解，问："你是外敌，还是内奸？"

大汉没听懂他的话，便说："少废话。拿命来！"说着用上了吃奶的劲儿，总算挣脱了木兰的手，便立刻向后躲了两步，又一枪向木兰刺去。

木兰闪身躲过他的枪锋，伸手抓住了他的枪杆，见大汉如此不讲道理，心中气愤："你这人好生无理！"她觉得制服不了他就无法结局，说了一声"告罪了"，一手攥住他的枪杆用力向外一拉，一手挺剑刺了过去。

大汉用枪一挡，说："难道你不愿受死？好，老子的枪太长，在屋里耍不开，走，让我到外面杀你！"

木兰说："好，你既然用枪，我也用枪便是了。"走过去放下宝剑，端起了她的亮银追风枪，随大汉一起跳出屋外。

大汉突然一声暴叫："我的枪到了！"向木兰刺了过去。

木兰急忙用枪去挡。两枪相撞，"咔"的一声巨响，一簇火星四射。木兰觉得他枪上有千斤的力量，陡地一惊，心想：这人好厉害，武艺和力气都不在我之下，我必须以智取胜。

两人打在了一起，七八个回合之后，木兰想：此人枪法虽好，但辨别力却逊了一筹，待我卖个破绽擒他！于是将枪故意向外一偏。那人不知是计，趁机刺她左肋。木兰向右一腾身，大汉的枪刺空。木兰急忙举枪，以迅雷不及掩耳之势，朝大汉肩上砸下。大汉连忙用枪去挡。两枪相击，又是一声巨响。

大汉突然向后一蹦，"好大的力气，把我的虎口震裂了！"一个支持不住，向后退了两步。木兰急步抢进，不愿伤他性命，便用枪杆扫向他的双腿。大汉来不及躲闪，被扫趴在地上，长枪脱手。

木兰上前，用脚踏住了他的脊背。

大汉在地上大叫："小子，你的枪法太好了，我叫你干爹！我叫你干爹！"

木兰惊异，又觉得可笑，心想，他怎么这样说话，难道是个缺心眼儿？

在旁边的偏房里，赵俊生在梦中被惊醒，知道出了事，连忙跳下床来，提着双刀出了门，见木兰已将那人制住，便放下心来。

就在这时候，赵俊生看见前面的墙角处突然闪出一个人来，急不可耐地跑向这里。他认定这是大汉的帮凶，一摆双刀冲了过去，问："什么人？"

那人连忙停住脚，向他一揖说："客官不要动手，我是店掌柜。"

赵俊生心中气愤，不由得骂道："老匹夫，原来你开的是黑店！为何半夜派人行刺？"

鲁掌柜连连作揖不止，说："客官误会了，老夫哪里敢开黑店！我正在前面打瞌睡，忽然听见后院一阵乱响，不知发生了什么事，就连忙跑了过来，待我与客官一起弄清原因。"

赵俊生气愤地说："花言巧语，瞒得过谁？明明是你店中人在行刺我兄弟，你来助他，却要狡辩。看刀！"向前一跃，举刀就砍。

鲁掌柜一边躲闪一边说："客官千万不要动手！"见双刀从空中朝着他的脑袋劈了下来，急忙向下一缩身，仰身一个倒翻跟斗，先躲过刀锋，然后一个就地打滚，滚出了几步开外，双膝向赵俊生一跪，两手又是连连作揖，连声说："客官，千万不要动手！千万不要动手！听老夫把话说明白……"

赵俊生不理，挥刀削他的手腕。鲁掌柜一见刀又到了，一个鲤鱼窜身，窜出一丈多远，一趔身躲到了木兰背后。身法之快，赛过猿猴。

木兰早已解下大汉的腰带把大汉捆了起来。鲁掌柜一看，被捆住的正是自己的儿子，扑通向木兰跪下，连连作揖说："感谢客官量宽，给我这畜生留了一条性命，老夫感恩不尽！"

赵俊生一窜身赶了过来，绕过木兰，举刀朝鲁掌柜头上砍去。

木兰怕赵俊生闯出祸来，伸手扣住了他的手腕。赵俊生向木兰说："贤弟，这贼头心狠手辣，竟然派人半夜来行刺，不可饶他！"

"大哥不要莽撞。"木兰说，"这大汉不像是有意行刺我们，他心中似有莫大的委屈。也许是阴差阳错，使他闯入了我的房间。你我是去边关杀敌的，不要妄杀无辜，惹出事来，贻误了军机！听鲁掌柜把话说明白。"

赵俊生停下手来。

鲁掌柜趴在地上向二人连连磕头，说："客官大恩，老夫永不忘怀！"

木兰对他说："鲁掌柜请起，到底为何出了这样的事，请讲来。"

鲁掌柜站起身来，向两人说出了一番不凡的来历。

"老夫实言相告，我儿是个憨子。"鲁掌柜开口说道。

木兰见印证了自己的判断，望了一眼赵俊生。

赵俊生大为惊疑，心中的气愤仍然难逝："憨子？憨子怎么有这么高的武艺？为什么口口声声要杀我们从军的人？"

鲁掌柜忙说："客官莫急，听我详细禀告。说他是憨子，其实也不是傻得什么也不知道。老夫也不知是什么原因，这孩子一生下来就和别的孩子不一样。他在娘胎里便长了一个大个子，他娘生他好费了一番气力。生下来用秤一称，足足九斤重，当时给他取名叫九斤。他落地就是一副憨性子，大着嗓子直哭个不停，我和他娘都不知是怎么回事。她娘给他喂奶，他吃着不足兴，哇哇直哭。他娘就拿了一个烧饼嚼了喂他。他大口大口地吃下肚，才不哭了。"

木兰觉得奇怪，惊异地抿嘴一笑。

"我们这才知道他是在他娘肚里饿坏了。"鲁掌柜接着说，"他从小饭量就大得惊人，在他娘怀里抱着时就顶一个大人吃。长大后，一个人顶几个人的饭量。俗话说能吃的人就能干，倒也不假。待他能干活的时候，一个人真的顶几个人能出力，一百多斤重的粮袋，他不但能一手提起一袋，肩上还能再背一袋，行走如飞，人们都说他是大象托生的。他虽然有点傻乎乎的，但尚且懂事。后来他娘死在了土匪手里，他为他娘报仇，遭了土匪毒打，气恨过度，从此就改变了天性，成了几分疯傻人，见了不顺眼的人就想和人家拼命。"

木兰心里这才有些明白，原来这大汉小时候精神受过刺激。

"前几天见街上的青壮应征去边关打仗了，他也要随人家去，人家怕他到军营惹出事来，没有允许，他便气恼在心，一见应征入伍的壮士就眼红。前天晚上几个外地应征的客官住在我店里，他知道了，嫉恨得咬牙，说他去不成，就让谁也去不成，立刻就要和人家动手。老夫怕他真的惹出事来，只好把他关在一间屋里，门上了锁。谁知他今天夜里竟然跑了出来，终于惹出祸来了啊！"鲁掌柜说到这里，后悔自己一时疏忽，没把儿子看管好，脸上现出了惭然的表情。

赵俊生听了，望着鲁掌柜，疑惑地说："会有这种事？你是不是编瞎话骗人？"

鲁掌柜心里冤枉，便要证实自己的话，说："客官不信，可随老夫到关这畜生的房中去看，也可问我店中的人。"

赵俊生想了一想，向木兰说："贤弟，你在这里看着他儿子，我去跟他看来。"说罢便让鲁掌柜带路前去。

大汉被腰带绑着双手，丧气地蹲在地上，如牛喘气。

木兰问他："大汉，你爹说的可是实话？"

大汉不回答她的话，却说："你不是从军的，从军的没有一个能打过我。除了我干爹能制住我，你一定是我干爹。干爹，你放了我吧，我不是要杀你，是要杀从军的。"

木兰见他总是说些没头没脑的话，真是可气又可笑，望着他训斥说："你这傻子，胡说些什么？"

大汉见惹了她不高兴，便不敢出声了。

一会儿，赵俊生和鲁掌柜回来了。木兰问赵俊生："大哥，是否如鲁掌柜所说？"赵俊生说："确实如他所说，那上了锁的门是被他拽开的，铁锁还在门上。我问了那店小二，店小二也证实了鲁掌柜的话。"

木兰费解，轻摇着头说："真是太奇怪了！"

鲁掌柜说："客官，其实，我刚才说过，这孩子也不是十分傻，他是晓些事理的。"

"此话怎讲？"木兰问。

"说来话长。二位客官，先让这畜生在这里忍受一会儿，咱们到屋里，听老夫慢慢说给二位。"鲁掌柜说。

木兰和赵俊生随他进到屋里，鲁掌柜将灯点上，三人坐下来。鲁掌柜开口说："老夫就向客官从头说起吧。老夫名叫鲁明生东登州府蓬莱县人氏，年轻时也曾学过武艺。那年大旱，土匪四起，一天我外出做小生意，一股土匪到我们村里抢劫。土匪抢了我家的东西，憨子他娘哀求土匪高抬贵手，土匪却蛮不讲理，她就和土匪争夺起来，土匪动手，她就和土匪拼命，结果被土匪打死。憨子上前与土匪拼命，结果被土匪暴打成重伤，不能动弹。我回来后到县里告状，没想到官匪勾结祸害百姓，无人为我申冤，我只得含冤为憨子治好了伤。不久官府又差人下乡逼粮，老夫一怒打死了逼粮的差官，惹出人命案，不得不带着憨子潜逃，四处漂泊。几经辗转，逃到这里，靠朋友相助，开了一座客店。老夫只有这一个儿子，因他母亲早死，老夫视他为掌上明珠。然而这孩子就知道跟着我舞枪弄刀，不懂干活。"

"巾帼红尘"系列

代父从军——

花木兰

木兰想他既然能把这样一个儿子关起来，一定武艺不凡，问："他的武艺是你传授的吗？"

鲁掌柜摇摇头："不，是一位高人。那位高人的武艺，可实在高得很啊！"

赵俊生问："什么样的高人？"

"听我说来。"鲁掌柜缓了一口气，说，"那年春天，一位山西的客人病在了我店中。老夫为他请医寻药，熬了喂他，又给他喂茶喂饭，整整两个月，才治好了他的病。他康复后对我感激不尽，说：'你的恩情如同再造，我没有什么报答你，想传授给你儿子一套武艺，你看如何？'我问他是什么武艺，他说他有一套祖传的枪法，叫八宝屠龙枪，说那枪是上古时禹王治水屠龙的宝器，后来流传后世，不知怎么传到了他家。"

"就是你儿子使的那杆枪吗？"木兰问。

鲁掌柜点点头："正是。他说是他的先人创出了这种枪法，共有一百〇八路，威力无比，厉害异常，天下独一无二。我想，憨子能学得好武艺，以后也好不受坏人欺负，就答应了。他在我这店里住了五年，才把枪法向我儿子传授完了。我儿小名叫汉子，因他憨头憨脑，人们便把那'汉'字改了音，叫他'憨子'。憨子得了高人的传授，加上他长得五大三粗，力量过人，就无人能敌了。这畜生一拳打在地上，能把地打个尺把深的窟窿；一脚踢在石头上，能把斛斗大的石头踢裂，邯郸城里没人能降得住他。见人家去杀敌报国，他也要去，但没人敢带他去，老夫也怕到军营里无人能管束得了他，哪里敢放他去？谁知他却由此对应征的人生了恨意。"他说到这里，"唉"了一声，"老夫想找一位武艺比他高的人管束着他，带他前去，可是怎么也找不着，真是把我难为坏了！"

第四章　女中豪杰，智勇双全压群雄

121

赵俊生望望木兰说："还倒是块好钢！"

"是啊。"鲁掌柜见赵俊生夸自己的儿子，感激地望着两人，说，"谢天谢地，今天终于遇到降住他的人了！"他把脸转向木兰说，"客官，今天你把他打翻在地，又绑缚起来，倒解了我的大难了！二位客官武艺绝伦，哪个也比我这憨儿子的武艺高得多。老夫斗胆相求，请二位客官把他带上，一路严加管束，到了边关，也好让他为国报效，你们就成全这憨人的一腔心愿吧！"

木兰立刻拒绝说："不可，不可！鲁掌柜一片忠心，你儿子虽憨，却知道为国报效，实在难得。但我兄弟二人却难当此任，还望掌柜另寻高人！"

鲁掌柜说道："客官不要担心。不是老夫夸口，我这儿子确实是块好钢。你们看他，身高体阔，膀大腰圆，两臂一横有千斤的力气，能横推八匹马倒，倒拉九头牛回。到了两军阵上，一个人能顶一群人用。攻敌破阵，可是用得着的！你们不要看他天真猛愣，愚鲁蠢粗，碰上武艺高过他的人，可是俯首帖耳，唯命是从。"

"怎么见得？"赵俊生问。

鲁掌柜说："客官不知。那年，我这店里住下两位从前线归来的老将军，与二位同姓。一位姓花，单名一个弧字。一位姓赵，单名一个杰字。那花老将军家是你们商丘营廓镇的，赵将军是桑柘镇的。"

木兰和赵俊生一听，都不禁一惊，惊异地对望了一下，心中便想，真是无巧不成书，没想到父亲当年也住到了这家客店。

鲁掌柜接着说："这憨子听赵老将军说花老将军武艺高强，心中不服，去找他比武。没想到被花老将军三拳两脚，打翻在地。憨子对花老将军服气得五体投地，从此就跟定花老将军，形影不离，为他端吃端喝，送茶送水，夜里还为他看门呢！"

木兰和赵俊生听了，忍不住笑了。

"当时就有人笑他。"鲁掌柜接着说，"他却说：'笑啥？除了我干爹能制服我，没有能制服我的人。你要是能制服我，我也叫你干爹！'你说他憨不憨！"

木兰和赵俊生又忍不住笑了，赵俊生说："虽然憨，倒也憨得可爱！"

鲁掌柜向木兰说："刚才你把他制服了，他不是叫你'干爹'吗？你说这憨子……"也忍不住笑了起来。

木兰问："后来呢？"

"后来，两位将军要走，这孩子非要跟花老将军去不可。我看他真的被花老将军驯服了，既然他愿认花老将军为干爹，就让他磕头拜花老将军为干爹，哄他说：'你干爹有事，明天就会回来的。'这孩子才肯作罢。唉……不知那花老将军这次从军，还会不会路过邯郸城，与我们相见呢！"

木兰和赵俊生对望了一下，没有答话。

鲁掌柜回忆着说："花老将军当年给我面子，收倒是收下了，这个干儿子，只是憨子盼了他几年，终于没再见到他。憨子几次闹着要去商丘找他干爹，只是老夫挂着这家客店，脱不开身，让他自己前去老夫又不放心，一直拖到今天，也不知那两位老将军情况如何。二位客官进店时一说你们是从商丘来的，老夫就想问问，当时没好意思开口。客官，你们可知道那两位老将军吗？"

木兰望望赵俊生，窘在那里。赵俊生向木兰说："既然两位老人在这店里有过那样一份情缘，我看就实说了吧。"木兰点了一下头。赵俊生便向鲁掌柜说："鲁掌柜，既然如此，不瞒你说，那花老将军，就是我这位花贤弟的家父。那赵老将军，是晚生的家严。"

鲁掌柜一听，喜出望外，腾地站起身来，便向两人施礼："哎呀，恕老夫愚笨，这点事竟未曾想得到！请问二位老将军身体可好？"

木兰答："谢老人家相问，他们很好。"

鲁掌柜殷切地问："这次他们还要到边关去吗？"

赵俊生说："不瞒你老说，他们二老年老了，近年来体弱多病，不能再事戎马，晚生和我这花贤弟，就是代二位老人家从军的！"

鲁掌柜听了，更加激动起来，"真是老子英雄儿好汉！二位的到来，解了我的大难。如此，啥也不用说了。我去拉我那憨儿子来拜见二位哈哈哈……"说着便喜不自胜地出了门。

赵俊生向木兰说："这下可找下麻烦了，如何是好？"

木兰一笑说："你不是说那憨子是块好钢吗？"

"我哪知道会有这事？天下之大，真是无奇不有。贤弟，怎么办？"

木兰说："这老者如此心诚，我看就答应了吧。"

鲁掌柜拉着儿子进来了，对儿子说："憨子，来来来，拜见你二位哥哥。"

憨子望望木兰，使劲地摇了摇头："不，他是我干爹！"

鲁掌柜用手顿了他一下，"傻子！你干爹是他的父亲。他是你的哥哥，和你干爹有一样的武艺。"

憨子望着木兰，愣怔了半天，忽然憨笑起来，"嘿嘿！我说他咋能制服我呢，他比我干爹摔的还疼！"高兴得一缩脖子笑了起来。

鲁掌柜命令他说："还不快叫哥哥！"

憨子憨憨地望着木兰和赵俊生，"哥哥，你们不是从军的呀？"

鲁掌柜对他说："你二位哥哥都是从军的，他们要带你去呢！"

憨子好像有些不相信，把嘴一咧，"真的？"

鲁掌柜说："当然是真的……看看你这一身儿！快去换换衣服，不然，怎么跟你二位哥哥到边关去？"

憨子激动得双脚一蹦，向着鲁掌柜说："你原来是我的干爹！我这就去！"

木兰上前为他解开绳子，他便憨憨地笑着，跑了出去。

鲁掌柜向木兰和赵俊生恳切地说："二位将军，不念这，不念那，只念他是一个憨人，有一颗报国之心，全看老夫这张老脸了！"

木兰说："老人家放心便是了。"

鲁掌柜感激不尽，"我儿子跟你们前往，老夫就放心了。我儿去边关杀敌，老夫在人前脸上也有光。以后，你们一定要对他多加管束，无论如何严，老夫都不会抱怨的！"

赵俊生对老人说："老人家放心，我们定会照顾好他的。"

鲁掌柜激动得不知怎样才好，暗想，真是太巧了，做梦也不会想到两位小将军能住到我的店里来。他们的父亲当年为我教育儿子，实有大恩，今天他们又为我教训儿子，且如了憨子的心愿，这事真是可遇而不可求。我该怎样答谢他们呢？"他连忙将店小二唤来，命店小二快备酒席，他要好好招待一番。

木兰说："老人家不必如此。离天明还早，你老人家还是领憨子歇着去吧。我们赶了多日的路，也实在疲累。大家都休息一下，我们带他去就是了。"

鲁掌柜兴奋难抑，说："遇到二位将军，老夫喜出望外，哪里还睡得着觉？憨子更不用说，他会欢喜地耍枪到天明的。二位将军经犬子这一打扰，也无法安睡了。不让老夫表达一下情意，怎么能行？"说罢又命店小二："快去，快去！"

三人说着话，店小二便把酒席准备好了，用一只大托盘端了上来。鲁掌柜便与木兰和赵俊生边饮边谈。

天还未明，木兰和赵俊生便要辞行。鲁掌柜为他们备了好多酒肉让他们带上，木兰和赵俊生不带，鲁掌柜怎么也不依，和店小二一起，把酒肉分成三份，分别放进他俩和憨子马上的兜袋里。

木兰和赵俊生带上鲁憨子向鲁掌柜辞行，鲁掌柜一直把他们送到城外上了大道。木兰、赵俊生和鲁憨子向老人家道了珍重，便策马前行。

英雄相聚，共计诛贼

这一天，三人来到一个村边。忽听后面传来马嘶声，接着便有人喊道："三位慢走！"

木兰和赵俊生勒马回头一看，四匹马飞快地朝他们驰来，不知这四人要做什么。

木兰和赵俊生见骑马的是四个年龄和他们差不多的威武男子。头一个白盔白甲，骑一匹黄骠马，马身上挂着一对画戟；第二个穿着一身绿，骑一匹灰青马，一根三节棍折在一起，吊挂在马鞍后面；第三个一身镔铁甲，腮下一围短须，骑一匹黑马，马上挂着两把八楞紫金锤；第四位蓝甲蓝铠，腰间斜挎一把长剑，骑一匹毛色间杂的红白花斑马。木兰向赵俊生说："看样子他们也像是从军去的。"

四个人来到跟前，一同下了马，望望他们三个，一同抱拳说道："三位壮士请了。"

木兰和赵俊生连忙还礼："众位请了。"

穿白甲的问道："敢问三位英雄，是赶赴边关的应征壮士吗？"

木兰回答："正是，你们也是应征去边关的吗？"

穿白甲的一抱拳："幸会！幸会！正好一路同行，请问三位是何方人氏？"

木兰指着赵俊生说："我和这位大哥是从商丘来的。"又指着鲁憨子，"这位兄弟是从邯郸随我们一道来的。"

穿白甲的便说："太好了！咱们认识认识。我叫白敬雄，大梁人氏。"穿绿甲的一抱拳："在下柳剑青，家住太康县。"穿黑甲的也一抱拳："在下刘飚，睢县北门外的。"穿蓝甲的也一抱拳："在下侯俊儿，许州人。"

木兰和赵俊生也向他们道了三人的名姓，抱拳说："原来我们是同乡！"

刘飚双眉紧锁，似有什么心事，开口说道："众位大哥，从征路千里遥远，俺实在走得累了。大家有幸聚在了一起，何不歇歇再走？"

木兰一望刘飚，见这彪形大汉豹头环眼，圆圆的脸膛，面色微黑，说话直爽，粗手大脚，心想这一定是一位真诚汉子，到战场上也许是一位猛将。

白敬雄望一眼刘飚，说："倒也使得。我们四人怕误了日期，赶路的确赶得有些紧；你们三位的坐骑也跑出汗来了，咱们就歇息歇息，用点餐，喝点水。有道是'相聚便是有缘'，大家叙谈叙谈，交个朋友。"

木兰望了望白敬雄，见他面目谦和，举止稳重，话语亲切，在四人中像一位老大哥，像是一个很有修养的人，便说："白大哥说的是。大家虽是同乡，但从未谋面，今天相识，实是幸事，明天就是兄弟了。"

白敬雄感慨地说："花大哥说的好！"

大家欢喜地互相招呼，见地上倒也干净，便席地而坐。

木兰拿出鲁掌柜送的牛肉，热情地向大家说："来来来，这是一包上好的牛肉，大家都品尝品尝！"赵俊生拿出鲁掌柜送的酒来，说："这里有酒，大家就一起享用吧！"

柳剑青摇着手不好意思地推辞道："不不不！大哥不必客气，我们各人带的都有馍有菜。"

刘飚见木兰打开了一包香气扑鼻的牛肉，赵俊生打开了醇香诱人的美酒，止不住口中发馋，不好意思地说："花大哥和赵大哥家好富裕，还带了佳肴美酒。我们家境可不如二位，都是带的馒头咸菜，怎好与大哥一起进餐呢？"

木兰笑着说："圣人云，四海之内，皆兄弟也，大家有缘相聚，分什么你我？其实，这酒肴也不是我们从家里带的，是我们在邯郸住店时，店东鲁老前辈相送的。听老人家说，这牛肉是邯郸有名的特产美味。这是鲁老前辈对我们从军人的一片盛情，正好大家一同分享。"

刘飚便向其他同路的三人直爽地说："二位大哥既然这样厚道，却之不恭，就依了二位大哥吧！"

木兰说："我们这是借花献佛，大家品尝品尝。"

鲁憨子见木兰和赵俊生将酒肉贡献了出来，也拿出自己的酒肉，说："我这里也有。这是我家店里的，可好吃哩。我最爱吃了。要不是看我这两位哥哥的面子，我爹还不让我吃！"说着便掰了一块往嘴里一放，"嗯，真香！"

四人见他们三个真心实意，不好再推辞。白敬雄便爽快一笑说："花大哥说的好，四海之内，皆兄弟也。咱们到了战场，真的就像亲兄弟一样。盛情难却，恭敬不如从命，我们就不客气了！"

柳剑青说："把我们带的馒头咸菜也拿出来，大家谁想吃什么就吃什么，亲亲热热地在一起吃顿饭，以后大家就是兄弟了。"

大家其乐融融，木兰说："这才像自家兄弟。"

大家把各自所带的干粮和菜放在一起，欢欢喜喜地吃了起来。

刘飚拿起一块牛肉填到嘴里，满足地说："嗯，真好吃！"

柳剑青边吃边说："出门时我一个人上路，真觉得孤单。在路上碰上了白大哥、侯大哥和刘大哥，就像遇上了亲兄弟。在这里又碰上花大哥、赵大哥和鲁大哥，亲人更多了。不然，一个人在路上孤孤单单，还难免有思家之情！"

"可不是嘛。"侯俊儿深有同感地说，"穷家难舍啊！家里都有高堂父母，兄弟姐妹，叫人免不得挂念！"

刘飚的心事被勾了起来，只见他惆怅地唉声叹气："唉！不说这些也罢。说起这些，我肉也吃不下，酒也喝不下了。"

木兰望着刘飚问："刘大哥，何至如此？"

侯俊儿向木兰一挤眼，"嘿嘿！人家刘大哥和咱们不一样。人家是有妻室的人了，又想他那娇娇嫩嫩的老婆了。嘻嘻！"

白敬雄知道侯俊儿又要拿刘飚寻开心，怕激起刘飚的烦恼，向侯俊儿使了个眼色，说："侯大哥莫要取笑。"

刘飚直率地说："想老婆又怎样？俺刚刚完婚三天，硬叫俺离家去打仗。临来之前，俺老婆抱住俺哭得像泪人一样，叫俺怎么舍得呢？"

"哈哈哈！"侯俊儿又大笑起来。

鲁憨子不解，天真地向刘飚说："刘大哥，到前线打仗多痛快呀！对准敌人一枪一个，抓住敌人一甩八丈远，让他叫咱干爹，多好玩呀！咱们杀个痛快，玩个痛快，要老婆干啥？"

众人见他说话直愣愣、傻乎乎的，禁不住笑了。

侯俊儿向鲁憨子说："鲁大哥，看样儿你是没娶老婆的，不懂老婆的味道。娶老婆是男子最好的事啊！打完了仗，咱们都要娶一个的。"

鲁憨子不懂，问木兰："大哥，娶老婆是最好的事吗？以后我也要娶一个，你也要娶一个，是吗？"

木兰瞪了他一眼，斥责说："不要胡闹，听哥哥们说话！"

鲁憨子服服帖帖，望着木兰一缩脖子，"是。听哥哥们说话。"

侯俊儿又望着刘飚说："刘大哥，咱们这几个弟兄，恐怕就数你运气好了。你还跟老婆一起过了三天，可俺们有定过亲的，也有没定亲的，还没捞上与老婆亲亲嘴儿，就离家到边关来了。要说亏，俺们才亏呢！"

柳剑青想缓和一下刘飚的情绪，半开玩笑地说："侯大哥说得好。刘大哥，你比着我们，沾光了。"

白敬雄正色地："众位哥哥，要说挂心，谁家没有挂心的事？在下一家只有母亲、妹妹和我三人。老母长年卧病在床，在下一出来，只好把母亲交给七岁的妹妹照管了，实在让人放心不下。唉……国家有难，有什么办法？"

赵俊生附和说："是啊。婚期临近的，为了从军，推迟婚期的也是有的。"

木兰怕赵俊生说走了嘴，连忙说："谁不想在家欢欢乐乐孝敬父母？可突厥贼不让咱在家和亲人团聚呀！他们兴兵犯境，我们如果恋家不舍，都不去杀敌，国家不就亡了？常言说'国破家亡'，没有国，哪有家呀！"

白敬雄深深点头，"这话极是。花大哥说的好！"

"是啊是啊。"侯俊儿面向刘飚，"刘大哥，听花大哥说得多好啊！"又取笑说，"不要一离家就想老婆。哪像个男子汉？真没出息！"

木兰见侯俊儿瘦瘦的身材，上宽下窄的脸庞，一双机灵的大眼睛，聪明灵秀，真像只猴子，说话总想逗人笑，倒是一个活宝，但却怕他的话刺激了刘飚，便有些担心地向刘飚望去。

刘飚真的恼起火来，一怒从地上站起，怒视着侯俊儿说："你这刁猴儿，狗咬耗子——多管闲事！俺想俺的老婆，干你什么事？你敢说俺没出息！你过来，俺与你较量较量，看谁的武艺好，谁有出息！"

侯俊儿见把他的脾气逗了起来，实在开心，仍故意笑眯眯地逗他："哟嗬，真好玩！还发了这么大的火气。我是去和突厥打仗的，可不是和你刘大哥干仗的。有本事，咱到战场上朝突厥龟儿子们使，多多杀敌立功，那才叫有出息。跟自家哥儿们较劲儿，算什么出息？谁要是有火没地方发，就往地上摔头好了！"

柳剑青哧地笑了，他知道侯俊儿打不过刘飚，不敢应战，才说这话。

刘飚喘了一口粗气，怒然说："我先揍扁你这个刁猴儿，然后再找突厥龟儿子算账！"说着便走向了侯俊儿。

侯俊儿连连摇着手，"别！跟你拼命划不来。你已经搂过老婆了，我还要等着杀败敌寇回去娶媳妇，和老婆亲热！"

刘飚一听这话，反而被逗笑了，"你不也想要老婆嘛！"

"但是有一条，即使娶了老婆再来从军，就是老婆抱住俺哭一场，俺也不会在路上想得啥也吃不下！"侯俊儿继续逗他。

刘飚见他仍是挖苦自己，上前就是一拳。侯俊儿将身儿向外一躲，捂着嘴笑起来。

白敬雄怕两人翻脸，连忙上去制止："算了算了，弟兄们闹着玩，不值得认真。"

刘飚被侯俊儿逗得无可奈何，但又怕众人笑话，便自我解嘲地望着侯俊儿："哼！量你也不敢跟俺较量。"

木兰见刘飚不识话，劝他说："刘大哥，侯大哥是和你闹着玩的，不要当真。人非草木，孰能无情？刘大哥想亲人，也在情理之中。"

刘飚见木兰替自己说话，朝侯俊儿说："看人家花大哥说的，近情近理，不像你刁猴儿。"

侯俊儿坦诚地说："花大哥说得自然让人佩服。我不是花大哥，我就爱找个人取笑，当菜就馍吃。"说得大家都笑了。

木兰又对刘飚说："刘大哥，男儿一心报国，才不枉生七尺之躯。国难当头，好男儿应国而忘家。如果不能保国家平安，皮之不存，毛将焉附？"

刘飚回到原来的位子上又坐下，叹了一声："花大哥，俺刘飚并不是不懂这道理，只是那皇帝在家享福，让咱们抛家离口，去为他拼命，争下江山来还是他的，实在叫人……"

"呃！"木兰劝他说，"话不能这样说。君为一国之主，无君便无国。咱们离家抛口，并不是为皇帝一人征战，而是为保国家太平，万民安康。多少英雄豪杰奔赴沙场视死如归，正是为的这个呀！"

"就是这个理儿。"白敬雄也安慰刘飚说，"刘大哥，既来之，则安之，我们平定不了边关，再想家也是无用，何必自己给自己找烦恼？常言说'出了自家门，全当一个人'。咱们还是抛去杂念，快快乐乐地去杀敌报国吧！"

刘飚叹了一声，"就算咱倒霉吧。"用手一指旁边的村庄，"你看这庄上，家家都在团圆，咱们却得到沙场拼命。再说天下的女子，国家出了天大的事，都用不着她们去打仗，只管在家里享清闲，活该咱倒霉！唉，生成个女子多好啊，谁让咱生成男子了呢？"

木兰望着刘飚笑了一笑，说："刘大哥讲话理太偏了。你怎知国难当头，女子们都在家里享清闲呢？男子去边关打仗，家里的一切都交给她们了，她们岂能清闲得了吗？就像你刘大哥，你出来打仗了，大嫂在家里岂不替大哥为二老堂前尽孝吗？再说，男子不在家，她们家里地里，什么都得干。咱们吃的穿的，哪一样不是要她们供给啊？"

"是啊是啊！"赵俊生插嘴说，"刘大哥不知，女子也有去前线杀敌的，只是刘大哥不知道罢了。"

木兰见赵俊生又把话说到了边沿儿上，又马上截过他的话头："再说这村上，大哥又怎知她们家里没有人到前线打仗？又怎知她们不受国难之苦呢？"

话说到这里，就听见从南面传来了杂沓的马蹄声。大家扭脸望去，见几匹快马向这边赶来。赵俊生说："又有同道来了！"

说话间，五匹战马到了跟前，众人不约而同地站了起来。五人立即下马，彼此互相询问，方知大家都是从军的，一见如故，互相道了姓名。新来的五人一个名叫韩天阔，自称是汉高祖刘邦的大将韩信的后裔。木兰等听了，心中便有几分敬仰，观此人举止确有几分大将风度；其他四人分别名叫梁英武、李别、张朝、邓凌云。大家互道了籍贯，欢喜异常。木兰和白敬雄等人邀五人入席，五人客气了一阵，便加入了他们的野餐。

大家大块吃肉，大口喝酒，有说有笑，吃了一顿痛快饭后，收拾收拾正要上路，忽然听见从村里传来一片惊慌叫喊之声。众人惊异，立即放眼看去，见一群人从村里惊惊慌慌地跑了出来，边跑边喊："山贼进村了！山贼进村了！快逃啊……"

众人闻听一惊，柳剑青说了一句："这里还有山贼？"话没落地，就见一个老大爷向他们跑了过来，关心地朝他们喊："喂，你们几个，山贼来了，村里人都正在逃呢。你们也快逃吧，别让他们把你们抓走了！"

白敬雄望着木兰，"花大哥，怎么办？"

木兰边思索边说："先不要忙，问清怎么回事再说。"便向老大爷问，"老大爷，哪里来的山贼？"

老大爷到了近前，问："你们都是从军的壮士吧？"

木兰回答说："是。"

老汉唉了一声，说："你们哪里知道，有个叫徐威显的人，过去在外地做县官，被削了职，带着他的儿子徐虎回了故里。原来他们早有谋反之心，回来后用做官时搜刮的钱财笼络一帮地痞流氓，在西边不远的两狼山占山为王，与朝廷为敌了！他们不断下山抓夫、抢劫，可厉害了！"

赵俊生一惊，望着木兰说："徐威显和徐虎？"

"是啊，"老汉接着说，"徐威显化名海腾蛟，徐虎化名海豹，在两狼山招兵买马，成了点小气候。这里距边关不远，他们秘密与侵犯边境的突厥贼子联络，不少突厥贼子过来帮他们的忙，经常下山抢掠、抓人，抓了男的就逼着给他们当兵，抓了年轻女子就蹂躏，抢了粮食充军粮，闹得百姓惶惶不安。乡亲们被他们害的没法活呀！"

"他们还勾结突厥？"赵俊生不禁惊愕。

"是啊，下乡抢劫的队伍里就有突厥人。"老汉说。

"原来如此！这两个贼子高低还是反叛了。"木兰气愤地说着，一望刘飚，"刘大哥，听见没有？胡虏犯境，和叛贼勾结祸害百姓，没上前线的村人也享不得清闲的！女子更加遭殃。"

刘飚深深点头："真让花大哥说对了，没有国家平安，就没有百姓安宁。咱们不如赶上前去，杀他狗日的！"

众人异口同声说："对，我们先杀了他们祭祭刀，再为乡亲们报报仇，出出气！"

老汉一听，连连摆手："不可，不可，山贼十分厉害，你们对付不了的！你们不知，眼前这条路，是由内地通往边关的大道，山贼听说有从军壮士不断打这条路上去边关，多次在路上拦截。他们人多势众，有的从军壮士也被劫掳了去，强逼入伙。你们不要惹他们，边关吃紧，还是快快离开这里，奔边关去吧！"

木兰向众壮士说："众位大哥不知，化名海腾蛟的那个徐威显，就是以前俺们县县令，他作恶多端，欲谋反叛，最后事发，被削职潜逃。他那化名海豹的儿子徐虎更是无恶不作，为害百姓。没想到他们潜逃到这里，勾结突厥，成了叛贼！冤家路窄，我们竟然在这里遇上了他们！"又问老大爷，"老人家，他们来了多少人马？"

老大爷说："好几十人！以前来过几次了，都骑着马，拿着兵刃，乡亲们不敢惹他们，只好四外逃命。乡亲们昨天才回到村上，他们又来了。"

木兰一听他们只有几十人，心里有了底，向众人说："他们不过是乌合之众，不难对付。众位大哥，我们到前线去和突厥交战，是为了保家卫国，在这里除叛贼、杀突厥，也是保家卫国。我们先除了这帮贼子，然后再去前线如何？"

白敬雄向大家说："这帮反贼不同寻常，他们与突厥勾结，彼此呼应，倘若让他们壮大起来，便会与突厥里应外合，对前线形成极大威胁。我们除掉了他们，便是除掉了突厥的内应，和上前线一样要紧。花大哥说的对，杀他们如同杀突厥，也是保家卫国。"

韩天阔说："花大哥和白大哥说的对。咱们就先除这伙贼寇，然后再上前线！"

众壮士一听要与反贼和突厥交战，立刻一齐呼应，抖起了精神。

老大爷劝阻说："壮士，使不得！他们人多，又有武艺，你们不能把他们怎样的，还是快逃吧！"

木兰向老人说："老人家不知，我们过去和徐虎他们就是老对手，知道他们的根底。他们没多大本事，好对付的。老人家让乡亲们不用怕，我们一定能打败他们，为乡亲们报仇，保乡亲们平安！你去告诉乡亲们，不要惊慌，回村操起家伙，与我们一同除贼！"

老大爷感激地说："如果能除掉他们，再好不过！壮士，我姓钟，以后就叫我老钟吧。你们快作准备，我去告诉乡亲们。"说着便急忙离开了他们。

侯俊儿望着大家说："众位兄弟，常言说'千人走路，一个领头'，咱们得有个领头的指挥，形成一盘棋，才能打胜仗。"

"说的是。"大家纷纷赞成。

刘飚爽快地说："花大哥能当此任，我推选花大哥！"

侯俊儿和柳剑青也心悦诚服地说："我们也推选花大哥！"

木兰连忙推辞说："不行不行，我不如诸位大哥，更不如白大哥和韩大哥。"

白敬雄说："花大哥过奖了，花大哥见地深远，我怎么能比不上花大哥？"

韩天阔说："我们也觉得花大哥最合适，花大哥就不要推辞了。"

众人异口同声地说，"花大哥莫要推辞。"

木兰想，大家从三路到在一起，而各路壮士都有自己钦佩的人，怕有人不服，便说："白大哥沉着冷静，处事练达，韩大哥深有谋略，还是推选他们两个。"

韩天阔似乎看出了她的顾忌，说："花大哥，弟兄们众望所归，你就不要谦辞了。我们五人虽然初来乍到，但对花大哥真的打心眼里佩服。你放心，我们一定听花大哥指挥。"

白敬雄也真诚地说："花大哥不要有什么顾忌。"

赵俊生也为木兰着想，说："花贤弟，白大哥，韩大哥，我看你们谁也不要推辞，三个人一同担起此任吧！"

白敬雄摇着手说："我实在不如花大哥，头领不宜人多，花大哥一人就行了。"

鲁憨子一举拳头："好，我听哥哥的！我听哥哥的！"

白敬雄觉得情势紧迫，不容耽延，便说："时间紧迫，这样推来让去，反会贻误时机。就让花大哥为正，我俩为副，大家都听花大哥指挥。除贼要紧！请花大哥莫要冷了众弟兄之心。"

众人又异口同声："花大哥快下令！"

木兰见义不容辞，便说："好，时间紧迫，不容迟延。众位大哥，只要大家齐心协力，这几个毛贼算不了什么。但毛贼来势汹汹，我们也不可粗心大意。为了将贼子一鼓全歼，咱们兵分三路。我和赵大哥、鲁兄弟直接杀进村去，正面迎敌；白大哥带领柳大哥、侯大哥、刘大哥火速从村外绕到贼子背后，截断他们的归路；韩大哥带领新来的五位弟兄与乡亲们合在一起，分成两路把住两翼，以防敌人逃遁。众弟兄以为如何？"

白敬雄称赞说："此计甚好！"

正在这时，钟老汉带着一些乡亲拿着家伙奔了过来，说："壮士们，我们来了，请壮士支派，其他乡亲在村里埋伏起来。"

木兰让乡亲们随韩天阔而去，把好村南村北两翼，大家形成四面包抄之势，白敬雄率人飞马而去。

木兰向赵俊生说："大哥，小心行事。"

赵俊生一点头，"兄弟放心。这些从军的弟兄都对贤弟仰仗着呢，请大胆指挥！"

木兰嘱咐鲁憨子："兄弟，贼子都骑着马呢。进了村，要辨明是贼子了再杀，不要伤了村人。"

鲁憨子答应说："哥哥放心吧，打架谁也打不过我的。只要是骑马的，让他一个也跑不了！"

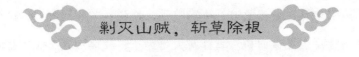

剿灭山贼，斩草除根

徐虎不知村里村外已经有了部署，带着山贼闯进村，便肆无忌惮地命令手下的人进到村民家中抢劫、抓人。有几个抢得了几样东西，从村民里出来。徐虎问他们："抓到人没有？"众贼子说这几家全是空的，人已经跑光了。徐虎骂道："他们跑的倒快！抓不到人，就多抢一些东西和粮食。"

说话间，木兰和赵俊生、鲁憨子纵马冲到了他们跟前。木兰一眼就认出了徐虎，道："大胆徐虎，为何反叛朝廷，又在光天化日之下下乡抢劫，祸害百姓？"

徐虎一听有人唤出了他的真名字，不由得一惊，一望他们，不禁高兴起来："吆喝！我们正说没人呢，来了三个骑马的！"一拍胸脯，"我不是徐虎，乃两狼山海豹，大王是我爹！今天一来下乡搞些粮米，充作军粮，二来要抓人去山寨当兵。你们三人若是知趣的，快快入伙，我是少大王，不会亏待你们。"

赵俊生冷笑一声："瞎了你的狗眼！你以为改了名我们就不认识你了吗？好好看看我们是谁！"

徐虎一愣，望望他们，没认出来，问："你是什么人？"

赵俊生说："我乃当年芒砀山里的打虎人，当时你们抢虎时曾有一面相识，多日不见，你竟然不认识了。"

徐虎立刻大惊："啊？你是那小子？弟兄们，快一起上前，将他们拿下！"

贼众一齐上前要拿赵俊生和木兰、鲁憨子。鲁憨子问木兰："哥哥，这几个没骑马，杀不杀？"木兰说："他们都是骑马来的，下马到老乡家里抢东西，杀，一个也不留！"

"好啊，"鲁憨子高兴起来，"看我的！"他见众贼子没有骑马，便跳下马来，挺枪冲向众贼。

贼众一拥而上，要先拿他。鲁憨子大喝一声："看家伙！"挥起八宝屠龙枪向贼众横扫过去。只听一阵乱叫，贼众有的被扫翻在地，有的手中的兵刃被扫飞了。鲁憨子抢上前去，朝被扫倒的贼众一枪扎去，嘴里喊着："你叫我干爹！"刺死一个，又刺向一个，"你也叫我干爹……"

第四章　女中豪杰，智勇双全压群雄

徐虎见鲁憨子如此厉害，知道不是他们的对手，招呼众贼："这几个人好厉害！好汉不吃眼前亏，放过他们，快跑！"

鲁憨子说："跑？谁能跑得了，我叫他干爹！"说着冲上去，一枪从背后扎穿了一个要逃跑的山贼，不拔长枪，挑起那山贼照准另一个逃跑的山贼砸去。一个正向前奔跑的山贼突然被砸倒在地上，"啊"的一声惨叫。两个失了兵刃的山贼趁机从后面跑上来，紧紧搂住了鲁憨子。鲁憨子一愣，"嗯？想跟俺摔跤？"把枪一扔，两手伸向背后，卡住了两个山贼的脖子，把两个山贼硬拽到面前，向上一用劲，像提两只鸡一样将两个山贼提了起来，将他们的脑袋在一起使劲一碰，两个山贼立刻瞪直了眼，说不出话来。鲁憨子将他们一手举起一个，朝山贼群里砸了过去，嘴里喊着："到你姥姥家摔跤去吧！"

众贼见了，觉得遇上了恶煞，吓得伸舌瞪眼，拼命往回跑。

木兰和赵俊生催马赶上去，刀砍枪刺，杀死了几个。徐虎大惊，招呼山贼们快向四处逃去，众山贼像火燎蜂房一样散开奔逃，木兰和赵俊生、鲁憨子从后面追杀。

这时候，白敬雄和侯俊儿、柳剑青、刘飚等人飞马从对面杀来，众村人随后一拥而上，挡住了山贼的逃路。白敬雄等人向贼人高喊："山贼休想逃走，若想活命，快快缴械投降！"有的山贼见实在无法逃脱，便举起兵刃跪在了地上。

仍有一些山贼高喊杀声，向他们冲杀。冲在前面的山贼有的被刘飚的大锤砸死，有的被白敬雄的画戟刺死，有的被侯俊儿的长剑戳死，有的被柳剑青三节棍打死，余下的一片惊骇，朝两边胡同里逃去。正遇上埋伏在那里的村人手举各种家伙冲出来，高喊着："杀山贼啊！别让山贼逃了啊！"众山贼被震慑，又往回跑。

徐虎见自己的人马兵败如山倒，立刻催马向南逃去。木兰一见，连忙策马紧追，嘴里喊道："徐虎，哪里逃！快快下马受死。"

徐虎头也不回，箭也似的打马狂窜。

木兰眼见他要逃脱，在马上张弓搭箭。一箭射去，正中徐虎的后背，徐虎落马。

眨眼间，木兰冲到了他跟前。徐虎在地上摇着两手连连求饶说："好汉饶命！好汉饶命！"

仇人相见，分外眼红。木兰在马上用银枪对着他，恨得两眼喷火："你这贼子，在商丘残害百姓，作恶多端，竟随你父逃到这里占山为王，勾结突厥，反叛朝廷，我岂能再饶过你？"

徐虎一听有人了解他的底细，望着木兰惊问："你是何人？"

木兰说："我曾就打虎之事在郡衙与你对簿公堂，你不认识了？"

徐虎忽然想了起来："你是……"

木兰说："今天让你死个明白。你和你爹施尽伎俩要害死而没害死的花弧花老将军是我爹！"说着拿枪刺了下去。

徐虎说出了三个字："你是花……""木兰"二字没说出来，木兰的枪便刺进了他的胸膛。徐虎双手抓住木兰的银枪，直直地瞪着两眼，伸直了双腿。

白敬雄和韩天阔赶了过来，向木兰说："花大哥，山贼已除，除五个投降的以外，其余全部被杀。只是没见海豹的影子，投降的五人说他向这边逃了。"

木兰喜悦地告诉他俩："我追上了他，他已死在了我的枪下。"

两人一听，高兴地说："太好了，这一下山贼全军覆没！"

木兰问："乡亲们可有伤亡？"

韩天阔说："无一伤亡。"

第四章 女中豪杰，智勇双全压群雄

141

木兰十分欢喜，称赞说："两位哥哥和众位弟兄实在不凡！我们也好向乡亲们交代了。"

"乡亲们正押着五个投降的贼子，等大哥过去发落。"白敬雄和韩天阔说。

木兰嘱咐他俩："两狼山叛贼暗中勾结突厥，情况不同寻常。我们要详审叛贼，通过他们摸清山中底细，带到前线去禀报主帅。二位大哥与小弟一同前去审问。"

正说话间，壮士们和村人们押着降贼，向木兰走来。木兰望了望五位降贼，见他们一个个魂惊胆丧地在连连乞求饶命。

钟老汉上来向木兰和白敬雄、韩天阔说："他们都是邻村被山贼抓去后被逼入伙的，饶了他们吧！"

木兰说："不管他们是什么来历，都要审清问明后再处置。"接着与白敬雄、韩天阔一起和钟老汉商量了一番，钟老汉说："我家方便，就把他们带到我家里审问吧。"木兰便命几个人将降贼押到钟老汉家去，其他壮士和乡亲们一同打扫战场，嘱咐壮士们说："对被杀的山贼仔细搜身，注意搜集情报；将他们的外衣扒下来留作后用，然后再掩。"众壮士明白她的用意，便带着乡亲们去了。

五名降贼被押到钟老汉家。木兰和白敬雄、韩天阔坐在椅子上，开始审问。先问了他们的姓名和籍贯，五人无一不如实交代，姓名分别是陈六、马英、胡二海、席平顺、郑永。钟老汉说："他们都是邻村的，平时我们都晓得他们，他们说的全是实话。"

五人说起被抓的经过和在山上受的虐待，都潸然泪下；说起他们在山贼的逼迫下几次下山抢劫，都痛心疾首，乞求饶恕。陈六说："将爷，我们几个都是家里被他们抢劫后抓去的，家中已一无所有，家人只有靠乞讨过日子。你们若是带领乡亲们杀山贼，我们为你们带路，赴汤蹈火，万死不辞！"

木兰问："今天来的可有突厥人？"

陈六说："有三个，也都被杀了。"

"他们都是什么身份？"白敬雄问。

"都是一般兵士。突厥人只有一个是头目，叫邬隆，是海腾蛟的参谋，在山上。"马英等人答。

白敬雄向木兰和韩天阔说："二位大哥在此审问，我去搜搜那三个突厥贼身上是否有对我们有用的东西。"木兰和韩天阔说："大哥想得周到。"

木兰向五人说："将你们所熟悉的山里的情况详细讲来。"五人便踊跃地说了起来。

这个村名叫钟家庄，往北约七八十里，便是燕山。两狼山在村西，距此不到三十里，山虽不大，东西也有百十里长，南北也有三四十里宽。山里居民很少，十来里才见一个村庄，一个村庄也只有几户人家散居，山民多是靠打猎和开荒种地过活。古人在山里留下一座道观，名为曜华宫，以往是山民和周围百姓朝圣的地方，是唯一的一个繁华所在。徐威显和徐虎带着家眷和亲信千里遥远潜逃到这里后，占据了此山，住在曜华宫，动员山民入伙，并且到处招兵买马，渐渐壮大起来，海腾蛟便做了大王，下面分封了一些小头目，分别把守山里的据点。为防隋朝官兵来剿，徐威显拼命扩充队伍。一面派人与突厥联系，恳求突厥派人马来山里支持；一面命徐虎及其亲信到处抓人，只要是男女青壮年，一律抓来；男的编入军伍，女的充作劳役，年轻貌美的女子则供他们享乐。不管男女，有不从他们的便关押在山洞里，令其反省。上山打猎、砍柴或从山中通过的百姓和来往商旅，都难逃他们的罗网。突厥认为这帮人马

第四章 女中豪杰，智勇双全压群雄

143

是扎在隋朝腹地的一颗钉子，扶植他们壮大起来。一可为突厥做底细，二来以后可做他们的内应，徐威显名义上是掌握一切的山大王，实际上也要受突厥掣肘。山里重要的道路有五条，两条通南北，三条通东西，都有兵马把守。曜华宫三面环谷，东面不远有一开阔地，建有营房，是存放粮草和屯兵养马的地方，人称屯兵营。

五人互相补充，毫无保留地交代了山里的情况。木兰和韩天阔觉得这些情报非常重要，一一记在心中。

打扫战场的壮士和村民将战场打扫完毕，也聚集了过来。白敬雄也回来了。柳剑青、侯俊儿和刘飚等人禀报，所毙山贼共七十五人，尽皆被扒了外衣，拉出村外掩埋，从他们身上搜出六个进山的腰牌；八十匹战马皆拴在了村街上，缴获的枪械都收集在了一起。陈六说："我们前来的共有八十人，一个也没逃脱。"

白敬雄说："六个腰牌一个带在化名海豹的徐虎身上，三个带在突厥士兵身上，其余两个带在一般山贼身上，三个突厥人其中一个身上带了一只刻有花纹的牛角。"他将牛角递给木兰，木兰接过一看，上面的花纹像是文字，可能是突厥文，她不认得，便让韩天阔看，韩天阔也认不出是什么。木兰便问陈六，陈六也不知是什么东西，说："我们在山上从没见过。我知道那两个带腰牌的，平时与海豹称兄道弟，十分亲密。"木兰想，那一定是徐虎潜逃时带过来的恶少，问陈六："你们五人身上可有腰牌？"陈六等人都摇头说："我们没有，一般的山贼是不准随便出入山门的。"木兰又问："你们知不知道山上有没有被拦劫去的从军壮士？"陈六和马英立即说："有，都集中在开阔地的屯兵营，不知有多少人。"

木兰和白敬雄、韩天阔将山中情况全都审问明白，悄悄商量一下，打算把战利品和陈六等人全交给乡亲们，然后和所有壮士一起立即启程，奔赴前线。

这时候，钟老汉和几个村民走了进去。钟老汉向他们说："众位壮士，多亏你们救了乡亲们！大恩大德，乡亲们无以为报。但有一事，乡亲们十分担心，不能不请求壮士。"

木兰问："乡亲们担心什么？"

钟老汉说："大家都认为，这股山贼全军覆没，海腾蛟一定不会善罢甘休。尤其是他的儿子海豹死在了这里，海腾蛟一定会派兵前来报复。乡亲们想留众位在村中住上几日，倘若海腾蛟派兵前来，也好对付。"

韩天阔说："边关事急，我们怎能延误？"

钟老汉深深一揖，央求说："韩壮士，其实，这里的事，和边关的事是一样的。这里有山贼，也有突厥贼，在这里杀贼，如同去边关杀敌一样。众壮士若是马上离开，山贼再来报复，会将村里人斩尽杀绝的，乡亲们求你们了！"

木兰觉得老人说得十分有理，但又不愿耽误赴前线的时间，踌躇了一下，便向钟老汉说："老人家，以前山贼之所以敢来村里糟蹋，是因为大家心不齐。有句话说'人心齐，泰山移'。村上有二百多户人家，倘若大家拧成一股绳，再与邻村联合起来，形成联防，他们就不敢来欺负你们了。乡亲们得了山贼的马匹和枪械，正好武装起来。大家推举出头人，组成队伍，山贼再来，就可以对付了。"

钟老汉说："话虽如此说，但马上组成队伍，没那么容易，远水不解近渴。倘若山里得到消息，速来报复，如之奈何？乡亲们都说，不如与壮士们一起杀上山去，剿灭山贼，斩草除根，一来解了乡亲们之忧，二来也为边关除了一患。"

木兰本有此念，一听乡亲们有这么高的志向和热情，不禁惊喜，便望了一眼白敬雄和韩天阔。

赵俊生说了一句："值得商议。"

钟老汉又说："壮士们若是答应，我们这就一边组织村里人，一边去邻村联络。眼下天刚过午，到不了天黑，人马就会聚齐。"

柳剑青建言："帮人帮到底。我们既然插了手，除恶不尽，给乡亲们留下祸患，走了也不放心。"

刘飚立即说："就是！我们杀了他们这么多人，山贼若来报复，定会对乡亲们无情屠杀，岂不是我们将乡亲们害了？今天这一仗，我看弟兄们武艺都很高强，村民中也有身手不凡的，三位大哥带兵有方。那些山贼，不怕他们！"

梁英武等人也说："乡亲们义愤填膺，再加上有邻村相助，剿了两狼山，咱也算立了一份功劳！"

刘飚不禁摩拳擦掌起来，"若不是突厥和叛贼作怪，咱们也不会离乡背井。一不做，二不休，端了山贼的老窝，也好消消我们心里的恶气！"

其他壮士异口同声："若遗患于乡亲，还有何颜面去边关？三位大哥就决断吧！"

白敬雄向木兰说："我白敬雄没说的，你和韩大哥就发话吧！"

韩天阔马上说："我也没说的，请花大哥定夺。"

木兰见众口一词，果断地说："好！既然如此，就干他一场！大家商议方案！"

壮士们与乡亲们聚在一起，你一言我一语地争献计策。众人的意见让木兰忽然想起《司马枪箭全秘》上的一句话："攻敌不备，抢占先机，胜券属我。"便大胆地想出了一套先发制敌的方略，悄悄与白敬雄和韩天阔商议。白敬雄和韩天阔听了，都竖指赞成。木兰便向大家说："众位弟兄和乡亲们，我与白大哥、韩大哥听了大家的意见，商议了一套方案。"

刘飚兴奋地说："快说与大家听听！"

木兰走到一张桌子前，大家便围了过去。木兰根据陈六等五人提供的情报，将桌子当作沙盘，以茶壶和茶碗作道具，边摆边说："历来兵贵神速。要剿山寨不宜迟，趁山上的贼寇尚不知这里的消息，毫无防备，我们今夜就动手。"

"今夜就动手？"大家兴奋起来。

"对。"木兰说，"出其不意，攻其不备，真真假假，假假真真，历来是兵家制胜的法宝。因此，我们今夜就杀上山去。但不能一哄而上，要用计策。今天来的这伙山贼共是八十个，我们挑八十人扮成山贼，一人扮成徐虎，夜里先行诈山。其他乡亲们的队伍再分成两支，由我们的兄弟率领紧随其后。待前面诈开山门，立即蜂拥而入，斩了守门山贼，冲进山去。然后留一路人马与贼兵交战，一路迅速攻向屯兵营，趁贼兵正在熟睡，杀他个措手不及。扮成山贼的那支人马进山后不要恋战，火速直插曜华宫，捉拿徐威显。'擒贼擒王'，只要曜华宫那边捉住了徐威显，屯兵营的贼寇被解决了，再进攻其他据点，贼寇便会不降即散。最后让乡亲们坚守阵地，弟兄们向曜华宫会合，再作商议，大家以为如何？"

白敬雄听了，感慨地说："刚才花大哥向我俩一说，我俩就觉得这是出奇制胜的好计，花大哥出手不凡！"

韩天阔说："实在是好办法！"

壮士们听了，都摩拳擦掌。钟老汉和乡亲们更是激动万分，立即分派人去邻村联络，然后召集村民，听从分派。

木兰让大家商量谁扮作徐虎最合适。赵俊生自觉认识徐虎且了解徐虎本性、认识徐威显，便自告奋勇。大家无不赞成，木兰便让他立即装扮。

在众人帮助下，赵俊生一会儿便装扮好了，模仿徐虎的无赖口吻和动作，木兰看他真是活脱脱一个徐虎，差点儿笑了起来，众人也都觉得实在太像了。

不多时，村里的青壮便召集了近二百人。钟老汉挑选七十多个会些武艺和身强力壮的，交给了木兰。木兰让韩天阔为头目，加上赵俊生、柳剑青、侯俊儿和陈六、马英、胡二海三人，点够八十名，用缴获山贼的马匹和枪械武装起来，让韩天阔和赵俊生、侯俊儿带领着进行简单的训练。

邻村的乡民受尽了山贼的袭扰，早就对山贼恨之入骨，听钟家庄来人说山贼去钟家庄抢劫被从军的壮士打了个全军覆没，都喜出望外。听说从军壮士们个个都是武艺高强的英雄好汉，且有三个头领用兵如神，要带领乡亲们剿山，便立即组织人马，带上兵刃，自带干粮，到钟家庄来。申时时分便集中了五六百人，个个情绪高涨，龙腾虎跃。木兰和白敬雄将他们和钟家庄剩下的青壮编在一起，分成两支：一支由木兰和刘飚、梁英武、李别带领，席平顺带路，负责歼灭屯兵营那里的山贼；另一支由白敬雄带领，张朝、邓凌云为助，郑永为他们做向导，负责消灭进山后迎战的山贼。鲁憨子谁也不跟随，只跟随木兰。

三支人马都做了一些简单的操练，直到天黑。

一更多天时，各路人马都做好了充分准备，白敬雄和韩天阔让木兰传令。木兰让韩天阔带领装扮成山贼的一支先行出发，其他两支紧随其后，人衔枚，马摘铃，在夜色掩护下秘密前进。

路上，韩天阔对赵俊生说："赵大哥，花大哥虽让我为这支人马的头领，但赵大哥装扮的是两狼山少大王身份，凡事不要拘泥，遇事大胆决断。"赵俊生说："小弟听韩大哥指挥。大哥觉得该怎么做的，及时提醒。"韩天阔又将该和赵俊生怎样配合的话向柳剑青、侯俊儿交代了一番；嘱咐陈六、马英要沉着、冷静，与山贼答话时大胆应对，然后让他俩走在前头，准备先行应对山门上的贼寇。

大约三更时分，先行的一支人马到了东山口，只见东山口山门紧闭，灯火辉煌，山门两边的岩石上站有一二十个岗哨。陈六、马英策马上前。未近山门，山门两边岩石上的岗哨便厉声朝他俩大喊："喂，东面过来的，站住！什么人？"一边喊着，一边亮出了兵刃。

陈六不慌不忙地回答："门上的弟兄们，是少大王下乡回来了，快打开山门。"

哨兵们疑惑，便问："少大王怎么回来这么晚呀？"

陈六答："遇上了点小麻烦。"

哨兵仔细一望，见他们果然都是山贼打扮，有的便说："自己人。"接着便问："有腰牌吗？"

陈六说："有。"

便有几个哨兵从岩石上下来。一会儿，大门上的窥孔被打开，有一个哨兵说："拿腰牌过来。"陈六下马走到门前，把徐虎的腰牌递了过去。哨兵一见果然是少大王的腰牌，便招呼哨兵们："是少大王回来了，快来迎接吧。"众哨兵立刻从两边的岩石上下来。

山门打开，只见哨兵们丢下兵刃，夹道站成两排，整整齐齐，拱着手向外张望，齐呼："迎接少大王，少大王辛苦！"

扮作徐虎的赵俊生和扮作山贼的韩天阔向后一挥手，立即骑马进了山门。

赵俊生模仿徐虎的口吻向哨兵怒斥道："磨磨蹭蹭，问三问四，迟迟不与开门，是何道理？实在该杀！"

贼兵一听，吓得扑通跪在地上，连连叩头。哨兵头目马上解释说："少大王息怒。弟兄们为防有诈，不敢立即开门，因此晚了一步，请少大王宽恕。"

韩天阔一声令下："杀！"柳剑青手起刀落，将哨兵头目斩于地上，侯俊儿和众人立即上前向跪地的哨兵们动起了手。哨兵们这时才发现上了当，有的立即站起向后奔跑，高喊着："不好了，敌人进山了！敌人进山了！"但为时已晚，绝大部分哨兵已人头落地，义军人马立即向逃跑的山贼追杀。

白敬雄和木兰带领的两支义军随后潮水般涌了进来，白敬雄向韩天阔喊道："韩大哥，把这里的事情交给我们！"

韩天阔立即招呼众人："弟兄们快回来！"向陈六说："陈六带路，奔曜华宫！"陈六说了声"跟我来"，便飞马朝曜华宫而去。

岗哨后面的营房里住着一百多个准备应付突然情况的山贼，哨兵的喊声将他们惊醒，山贼头目连忙唤大家起来，冲出营房，赶了过来。

木兰见山贼从四面八方杀来，对白敬雄说："白大哥和张大哥、邓大哥带领人马应战，我们到屯兵营去了。"白敬雄和张朝、邓凌云齐声向木兰说："花大哥放心！"木兰便带领一支人马杀开一条路，火速奔向屯兵营。

山贼朝白敬雄这边杀了过来，白敬雄对张朝和邓凌云说："人马分成三支，咱们各带一支，分头迎敌。"让张朝应付左侧来敌，邓凌云应付右侧来敌，自己应付对面来敌，三面出击，向山贼杀去。

上来的山贼前后不齐，队伍分散，见进山的人马如同决堤的洪水向他们冲来，觉得难以应付，立刻胆寒，有的开始向后调头，准备逃跑。

贼兵头目见贼众惊惶失措，立即下令："打起精神迎敌！有惧敌乱军心者，格杀勿论！快冲上去！"一挥大刀，朝白敬雄冲了过来。其他贼兵一见头目奋勇，也不敢迟疑，跟随着冲了上来。

白敬雄一摆双天画戟杀了上去，众人紧紧跟上。贼兵头目与白敬雄接仗，抡刀向白敬雄便砍。白敬雄不知对方武艺如何，不敢大意，举起画戟相迎。两人战有三回合，白敬雄便识出对方武艺平平，于是大胆进攻。贼兵头目立刻慌了手脚，怕趋于下风，仍然硬起头皮，挥刀砍向白敬雄。白敬雄用右手单戟将刀迎住，左手中的画戟迅速刺向他的右肋。贼兵头目猝不及防，右肋中戟，惨叫一声，坠下马去。白敬雄上去紧接上又是一戟，结果了他的性命。

贼兵见头目这么快就被死于非命，更加胆寒。

白敬雄跃马冲入贼众，画戟左右开攻，山贼一个接着一个倒地。柳剑青、侯俊儿施展刀法，贼兵在他俩的兵刃下也接连毙命。乡民们怀着一腔愤怒，拼命朝山贼砍杀，杀得贼众只有招架之功，没有还架之力，有的不敢应战，夺路逃跑。白敬雄带领大伙越杀越勇，贼众很快便兵败如山倒。

白敬雄大喊道："乡亲们，掩杀上去，莫让一个山贼逃走！"

义军一个个如下山猛虎，掩杀过去，不长时间便将敢于应战的山贼全部杀死。白敬雄让大家先不要追赶逃敌，立刻支援左侧。

张朝正带领村民奋战，见白敬雄带着人马支援来了，向乡亲们喊道："乡亲们，那边的山贼已被全部杀死，我们的援兵到了。奋力拼杀，不要让贼兵逃跑一个！"

贼众本来就难以抵挡，一听那边的同伙被消灭，立刻慌神，不敢再战，向后逃窜。张朝带领乡民掩杀一阵，抵抗的贼兵便都做了刀下之鬼。白敬雄让张朝准备对付可能来援的贼寇，便去支援邓凌云。

邓凌云这边已经杀败了贼众，正在捆绑俘虏。俘虏一个个大呼"饶命"，哭喊乞降。邓凌云朝他们呵斥道："真心投降者，快供出你们当中哪个是突厥！"两个突厥贼兵立刻被检举出来。邓凌云命人将突厥拉出去砍头，又让他们检举罪恶深重者。俘虏们又是撕破脸皮揭发，罪大恶极的山贼一个个被揭发出来，邓凌云命令将他们的头全砍了。

智勇双全，豪女木兰

开阔地上的屯兵营是山贼屯兵养马的地方，平时驻扎山贼五百人左右，主要是操练人马，为各处提供兵源。从山道上截劫来往行人和商贾、从山下抓来的百姓和截劫的从军壮士都要先被集中到这里洗脑，愿意入伙的立即骗入队伍训练，对不愿入伙的便要用刑，直到他们受刑不过答应入伙为止。认死不愿入伙的便被处死，没有一个被放下山去，被抓来和劫来的人训练后便被分配到各个据点。

木兰和刘飚、梁英武、李别带领人马，由席平顺带路，急速赶到了屯兵营前。

时值月初，月亮早下山了，虽有浅淡的星光，但在山林中行走仍不好辨别道路，木兰让大家小心前进，尽量不弄出声来。

席平顺对木兰说："屯兵营围有寨栅，寨门前有哨兵放哨。这里山贼众多，要小心从事。"木兰向他问清了这里山贼的分布，觉得只能智取，不可强攻，便让大家停下来。席平顺和梁英武按照木兰的吩咐，带几个人下马，悄悄摸近岗哨，顺利地杀了哨兵。木兰带领人马火速进到寨里，见院里一片寂静，山贼们还都在营房里熟睡，立即命令大家快速将几座营房包围起来。

这里的山贼认为屯兵营是安全的地方，外面有岗哨站岗，夜里也就放心大胆，几座营房的门全敞着，以便有人出去大小便。屋里都亮着灯光，里面发出杂乱的鼾声。

木兰命梁英武和李别带人负责把住其他营房门，先不要惊动房里的贼众，若有出屋的山贼，立刻砍杀，她和刘飚、鲁憨子迅速带人闯进了一座营房，灯光里见贼众一个个都像死猪一样睡在地铺上，便命人先把屋里的枪械收在一起。

有的山贼被惊醒，一见已被刀枪逼住，不知什么时候进来了这么多人，知道大事不好，忽地坐了起来。木兰立即向他们喊道："举起手来，不准出声，蹲下别动！谁动先杀了谁！"

刘飚也喊道："举起手来，投降者不杀！"

坐起来的贼众不知是怎么回事，立即举手，蹲下乞降。

还在酣睡的贼众被叫喊声惊醒，连忙爬起，有的晕晕乎乎赶紧寻找武器，企图抵抗。刘飚一见，立即上去挥起紫金锤，将其砸了个脑袋开花。鲁憨子一见，连忙挺着长枪刺去，企图反抗的山贼瞬间一个个被结果在地铺上。其他山贼一见，都吓得浑身筛糠般发抖，举着手老老实实地跪在了地铺上。

木兰朝山贼们问："有被劫掠的从军壮士吗？"

有十几个人立即喊道："我是。"其中一人哭喊道："好汉爷们呀，救救我吧，我被他们劫来后不愿入伙，被他们打得浑身是伤！你们看，"说着便指着身上的伤痕让众人看，"这里，这里，还有这里。"

木兰凑着灯光仔细一看，果见他身上有几处伤疤，断定他所言是真，便说："你穿上衣服出来。"

那人立即穿上衣服，走了出来。

木兰问他姓名，他说："我叫王猛。"木兰便说："你指认一下，还有谁是被劫来的从军壮士。"他立刻一个一个指认，一连指认了十多个。木兰让被指认的都穿上衣服出来，逐个问明，说："你们不要害怕，我们也是从军去的，到这里听说山贼无恶不作，劫掠了你们，前来剿山救你们。"

他们七嘴八舌地说："我们盼得心都碎了，终于把救星盼来了，快带我们到前线去吧！"

木兰说："不要慌，剿灭了山贼再说。"又问，"其他人有谁是被抓来的老乡被迫做了山贼的，你们指认一下。"他们又指认出了十几个。木兰让被指认的全穿上衣服出来，然后命令他们："你们动手，将剩下的全绑了。"他们立即找到绳子和那些人的腰带，很快将剩下的全绑了起来。

木兰指着一个被绑的山贼问王猛："这一个有没有罪恶？"

王猛说："他是管我们的贼兵小头目，我们身上的伤都是他指挥人打的。"

木兰向刘飚一使眼色，刘飚立刻会意，对那人说："跟我走，到那边屋里去。"那人说："让我穿上衣服。"刘飚说："不用穿了，那边有衣服给你穿。"几个村民上去，立即将他拉了出去。

木兰如法炮制，将其中罪大恶极的一个一个让乡亲们拉了出去，最后还剩有十来个。木兰问他们："你们是愿降，还是愿继续做山贼？"他们都说："我们愿降。"木兰说："愿降就老老实实在这屋里蹲着，不许乱动和喊叫，谁乱动或喊叫就杀了谁！"便命被劫来的从军壮士说："你们挑出自己的兵刃，在这里看好他们，不要出门。"那些从军壮士立即到收缴的兵械堆里拿了兵刃，将被绑着的山贼看管起来。

这时，刘飚从外面进来，附耳向木兰说："全结果了。"

木兰点了一下头说："让这些被劫来的从军弟兄看着他们，咱们到那边去。"出门后便悄悄嘱咐刘飚："刘大哥，你带几个乡亲在门外监视。"

就这样，木兰指挥大家用同样的办法，将各个营房里的山贼逐房处置完毕。最后把各营房里被劫掠的从军壮士集中在一起，点点人数，共是四十三人。木兰向他们简短动员说："诸位弟兄，你们在从军路上不幸被劫，不但耽误了你们从军的时间，而且让你们吃尽了苦头。我们来得晚了，深表同情。好在你们还都活着。从军人的心向都是一样的，杀敌保国，义不容辞。两狼山的山贼勾结突厥，对戍边形成了很大威胁。眼下没有别路可选，只有同仇敌忾，消灭这里的山贼和突厥，然后一道赴边关，众位有不愿协力的吗？"

众壮士因不愿从贼，受够了山贼的虐待和折磨，听了这话都心里感动，异口同声说："同道仗义救了我们，没什么说的！同仇敌忾，杀灭山贼和突厥！"

木兰命李别将他们造册登记了，然后让他们拉出战马，武装待命。

乡亲们得了山贼的枪械，也重新进行了武装。

这时，白敬雄派张朝来禀报说，东山口那里的山贼已全部解决，人马已杀向其他据点。木兰命他们仔细搜集突厥情报，不要肆意杀戮被劫来的同胞，对以前被抓来的老乡被迫做了山贼的立即放他们回家，对顽匪一个也不要放过，立即处决。张朝马上返回传达命令。

木兰命令把各营房中被抓来强逼入伙的百姓集中在一起，向他们讲明道理后让他们下山回家。剩下的山贼中被指认是突厥的全部杀掉，其余的都交给乡亲们处置。

至此，屯兵营的山贼全被消灭。

这时，曜华宫那边派人来禀报情况。木兰听说曜华宫戒备森严，怕天明前不能将曜华宫拿下，便命刘飚带领乡亲们在这里坚守阵地，以防外面的敌人反扑，然后将被劫掠来的四十多名从军将士召集在一起，说："曜华宫已被包围，现在大家随我一起速去那里，活捉海腾蛟！这是大家立功的机会，剿灭山贼后要为大家记功，将众位的功劳带到前线去。"

众人听说要去捉拿海腾蛟，士气高昂。

忽然有几十人围了上来，原来不愿立即回家的被抓来的乡民听说要去捉拿海腾蛟，纷纷过来要求参战，发誓要杀了海腾蛟报仇。木兰立即命令他们武装起来，让大家多带箭矢。最后点点人马，共九十五人。木兰暗想，有这么多人马前去增援，且其中有这么多从军将士，拿下曜华宫不难。便让席平顺带路，抄近路火速奔向曜华宫。

曜华宫坐落在高高的望海峰上。望海峰坐北朝南，东、北、西三面都是深深的峡谷，谷里是湍急的流水，莫说夜里，白天也很难通过峡谷趋近曜华宫。峡谷的外面是片片相连的竹木丛林，谷内的宫殿外面松竹丛杂，一片清幽。古人之所以将它建在这里，大概是取其幽静的环境。

宫南面临着一片丘陵环抱的平地。三面环谷只要用少量的人巡哨，防止有人从谷底爬上来就可以了，易守难攻。徐威显将南面布以重兵把守，认为即使有敌人攻到这里，只要防住南面，便可保曜华宫安全。

这些情况，韩天阔和赵俊生早听陈六、马英等五人介绍清楚了。他们带着人马离开东山口，便由陈六、马英带路走秘密小道，顺利地来到宫南面的丘陵间，前面曜华宫周围的灯火已清晰可见

韩天阔让人马停下来，和赵俊生、柳剑青、侯俊儿一起悄悄爬上一个高坡，向曜华宫窥望。夜幕里的灯光中，影影绰绰可见高高的曜华宫大殿和周围的配殿房顶及宫墙；宫墙大门外，东西两边有几间低矮的房屋和帐篷，一条宽宽的道路连接着宫门和一片平阔的地面。宫门外成排地站着卫兵，一直伸展到东西两边的谷口，大约有二三百人。韩天阔见戒备实在森严，宫里的贼众又不知有多少，估计这八十人难以攻进宫去，便立即派人向木兰禀报，随后与赵俊生、柳剑青和侯俊儿商议。

赵俊生说："咱们都装扮成山贼，我以山上少大王海豹的身份带人前去，就说下山回来了，有事要向大王禀报，骗开宫门，便可进到宫里，活捉徐威显。"

韩天阔听了说："倒是好计。但彼众我寡，而且不知宫内有多少敌人。如果被敌人辨出，交起手来，只怕不好取胜。"

柳剑青和侯俊儿说："能把敌人调开就好了。"

韩天阔一听，眉头一皱，计上心来，说："我们先让部分人马

绕到东边的树木里乱喊一气，让陈六带两个新降的兄弟装作仓皇的样子向守宫的山贼报信，就说少大王下山抓了人回来，在东边不远的地方被反水的山贼截击，让他们速去解救。山贼不知陈六他们降了我们，定然不疑。待他们分兵去了，我们大部人马便趁宫前空虚，从这里突袭上去，杀进曜华宫，弟兄们以为如何？"

赵俊生一听，兴奋地说："调虎离山计！我看使得。"

柳剑青和侯俊儿也满口赞成。韩天阔便向侯俊儿和陈六、马英交代，然后让侯俊儿带二十人火速东移。

侯俊儿带领人马来到东边的树林里，便让大家散开，大喊杀声。

守卫曜华宫的山贼忽然听见从东边传来杀声阵阵，不知发生了什么事。就在这时，陈六和马英仓仓皇皇地从东边驰马过来，没到跟前就朝宫前大喊："不好了！不好了！"

宫前众贼一惊，卫兵头领王林和高榜两人立刻上前，一看是陈六和马英，便迫不及待地问："陈六、马英兄弟，发生了什么事？"

陈六上气不接下气地说："不好了！少大王带我们下山，收获颇丰，欢欢喜喜地回来，没想到树林里藏着一帮反水的叛贼，我们被他们杀了个措手不及，少大王见叛贼实在厉害，弟兄们被围，无法脱身，让我们两个火速来报信，让你们快速分兵去救。"

高榜一听马上说："动用宫前守卫人马，要有大王命令，我去请示大王。"

陈六说："情势紧急，刻不容缓，若是迟慢了，少大王万一性命难保，怎么得了？我俩已向你们传达了少大王的命令，你们定夺，我们得立即回去对付叛贼！"说着就和马英勒马回头。

王林立即将陈六和马英唤住，向高榜说："我们若是不知道少大王被困，少大王无论发生什么事，大王也怪罪不到我们头上。眼下我们已接到少大王命令，如果因我们救援迟慢，少大王出了事，你我怎能担当得起？"高榜问："那你说怎么办？"王林说："大王正在熟睡，若去讨大王命令，只怕受责。留下一半弟兄在这里与你守宫，我带一半弟兄速去救少大王！"

王林说罢，立刻点了一半人马，由陈六和马英带路，火速往东而去。

韩天阔和赵俊生见山贼中计，心中欢喜。等王林带人马走远，韩天阔便让赵俊生仍然以徐虎的身份带领人马驰向宫前。

高榜见忽然从南面驰来一彪人马，立即让兵士准备战斗，然后高喊："什么人？"

赵俊生马上以徐虎的口吻答道："我乃少大王海豹，下山返回。"

高榜和众山贼一听，大吃一惊。高榜马上说："刚才有陈六、马英来报，说少大王在东边遭反水的叛贼截击，王林已带人去救，怎么……"

赵俊生立刻以徐虎的口吻骂道："我这不是好好的吗？哪里有什么反水的叛贼截击？你们这帮蠢货，竟然中了奸人的计，实在该杀！"立即下令，"将他给我绑了！"

高榜立刻如丈二的金刚——摸不着头脑，马上申辩说："少大王，是王林命我这样做的，与卑职无干呀！"

韩天阔立即带柳剑青上去说："大胆！还敢向少大王申辩？"跳下马捉住高榜就绑。

众山贼一见，都害怕起来。

高榜心中狐疑，仔细一看，这才发现面前不是海豹，其他人也不是山上的人，大喊一声："弟兄们，他不是少大王，我们中计了，快上来救我！"

韩天阔见已暴露，立即拔出刀来，将高榜的脑袋砍下，接着振臂一呼："乡亲们，杀上前去！"

守宫的山贼训练有素，并不恐慌，马上挥起兵刃迎战，双方战在了一起。

赵俊生双刀开攻，瞬间便将面前的几个山贼砍倒。韩天阔和柳剑青抛下高榜的尸体，一跃上马，杀入敌阵，山贼们被马队冲得七零八落。义军越杀越勇，很快将山贼杀死了大半。

正在这时，宫里的山贼听见宫外有变，冲了出来，外面的山贼一见，精神大振，奋力顽抗。

韩天阔眼看义军寡不敌众，十分焦急。正在这当口，只见侯俊儿带领二十人马杀了过来。原来他见陈六和马英带着山贼到了近处，便让乡亲们停止大喊，随他从旁边的树丛间绕了回来。陈六和马英听前方没有了喊声，立即蹩马转入树丛，追上侯俊儿他们，一起杀了过来。

韩天阔一见大喜，立即大喊："壮士和乡亲们，我们的援兵到了，快杀开道路，杀进宫去！"

众人勇气倍增。山贼们惊慌起来，从宫里冲出的贼众怕曜华宫有失，立即退入宫中据守，形势瞬间大转。

宫外的贼众终于不敌，被杀的被杀，正在抵抗的也不敢恋战。宫门已被关闭，他们只好边杀边向两边谷口退去。

且说王林带领人马正由陈六和马英带路飞速前进，忽听前面的杀声停止，陈六和马英也不见了，连忙喊陈六和马英，却不见应声。王林大为诧异，心想，陈六和马英是自己弟兄，又是少大王的部下，不会谎报军情，到底是怎么回事？

王林正在懵懂，只听北面马蹄阵阵如同骤雨。王林以为是少大王落败被反水的叛贼劫走，命将士们说："定是叛贼劫了少大王要逃走。快随我杀上前去！"

北面的人马原来是木兰带领的九十多个援兵。他们正火速向曜华宫进发，听见左侧杀声突起，木兰猜想可能是山贼有伏兵要过来截击，便想，曜华宫那边要紧，不管他们，便命令人马不要理睬，火速前进。

王林带领人马赶到跟前，却不见人，只听见曜华宫的方向有马蹄声，心想必是反水的叛贼要袭曜华宫，于是便紧张起来，连忙带领贼众向曜华宫速返。

木兰带着人马赶到曜华宫左边的谷口，见一小股贼兵向东退来，立即杀上前去。一伙贼兵未及抵抗，便中刀枪后倒地。木兰为抢点先机，带领人马从他们的身上踏了过去，一伙贼兵便死在了马蹄下。

人马冲到了宫前，木兰见义军杀败了宫前守卫，正准备杀进宫去。韩天阔等人见他们赶到，大喜过望，立即将这边的情况禀报了木兰。木兰听了，命令速速杀进宫去，活捉徐威显。

此时，宫门已紧闭，里面的贼兵已爬满宫墙，开始向义军放箭。木兰命令新来的人马向宫墙放箭掩护，命韩天阔、柳剑青、侯俊儿带领人马逼向宫门。

一阵箭雨将宫墙里的贼兵逼了下去，韩天阔带领人马冲到宫门前，打算斩破宫门而入。没想到宫门是铁铸，刀枪砍刺不进。韩天阔命令撞门。宫门闩得很死，几个人上去使劲撞，怎么也撞不开，一时心急如焚。

宫墙前的乡民正在搭人梯向宫墙上爬，被墙里的贼兵发现，立即用兵刃将他们逼了下来。

鲁憨子一见，手持八宝屠龙枪，驰马到了宫墙前，"哇呀呀"大叫一声，挥枪向宫墙砸去，宫墙岿然不动。鲁憨子恼极，将枪一横，贴上宫墙，在马上用力向前猛推。众人都觉得他真是憨子，这么坚固的宫墙怎能推倒！赵俊生怕里面的山贼爬上墙来伤了他，想喊他快后退，还没喊出声来，只见他在马上喊着号子猛推几下，一截宫墙便开始断裂，向里倒去，鲁憨子的坐骑差点儿被他的力量压坐在地上。赵俊生一见，大为惊叹，众人也都被惊呆了。

顿时宫墙倒了一丈多宽，里面的山贼被砸得惨叫起来。大家一见，顾不得为鲁憨子叫好，高声大喊着，如决堤的洪水，向宫里冲去。

这时，王林带着人马返了回来。木兰一见，向韩天阔、赵俊生喊道："你们快冲进宫去，外面的贼兵由我对付！"一挥银枪，向随她来的壮士们喊道："弟兄们，杀上前去，消灭这股贼兵！"说着便驰马上前，迎住了王林。众壮士也立即冲上去，迎住贼众，拼杀起来。

王林是守宫的卫军头目，武艺不弱，他见宫墙被推倒，义军涌进宫去，心中着急，想立即杀败木兰这股人马，冲上前为宫中解围，挥刀向木兰便砍。

木兰看得真切，举枪相迎。双方兵刃相击，火星四溅，王林立刻感到持刀的手腕发麻。他没想到木兰的力量这样大，枪迎得这样猛，不由得一惊。

木兰手疾眼快，不等他愣怔过来，回枪朝他腰间刺去。王林急忙挥刀相格，没想到力不从心。他这才知道自己的武艺不如木兰，在马上一闪身，差点儿摔下马去，手中的刀便没有了力量。木兰趁势用枪向他扫去，正中他左肋。王林再也支撑不住，翻身落马，他的战马将他与木兰隔开。

王林更加惊慌，不敢怠慢，在地上一个鲤鱼打挺，站了起来，想与木兰再战。没想到壮士王猛飞马过来，一枪结果了他的性命。

众山贼虽然都有些武艺，却不敌木兰这边的人马，眼看抵挡不住，鲁憨子又赶了过来。他将宫墙推倒后心中高兴，憨笑一声，觉得木兰在他身边，便问道："哥哥，冲进去吗？"却不见木兰应声。回头一看，木兰已带着人马向东边冲去，他便立即赶了过来。

鲁憨子见贼兵众多，刺杀不及，便挥枪横扫起来。八宝屠龙枪有一丈多长，一枪扫去，中枪的贼兵脑袋开花，坠落马下；又一枪扫去，中枪的贼兵筋断骨折，落下马去，贼兵瞬间被他扫倒了一片。木兰见他这样战法，心觉可笑。王猛见鲁憨子这样勇猛，备受鼓舞，立即上去为鲁憨子助战。

一场大战，贼众被打得落花流水。木兰和鲁憨子无人能敌，王猛和其他被劫来的从军壮士勇猛无比，最终这帮贼众被斩尽杀绝。木兰不敢怠慢，立即带领大家去宫中支援。

韩天阔和赵俊生、侯俊儿带领人马杀进宫后如虎入羊群，很快大败宫中的贼兵。

赵俊生跳下马来，伸手拽起一个跪地乞降的贼兵问："海腾蛟在哪里？"

那贼兵吓得连忙指向大殿东侧的一座配殿，赵俊生让他带路。韩天阔和侯俊儿也赶了上来，几个老乡也举起从贼兵手中夺来的火把赶来。

到了配殿门前，见大门紧闭。赵俊生挥刀避开殿门，闯进殿去，见里面瞎灯灭火，几个手持火把的老乡立即上前。赵俊生一看，里面各样摆设有序，却空无一人，墙壁和窗户无损，心想徐威显没有逃跑，便立即冲进套间。

套间里也不见人影，一张宽大的床上被褥零乱。他上前去掀被褥，忽然觉得脚下的声音异常，低头一看，见脚下的木质地板上有几道线细的缝隙。仔细一看，是一块大盖板盖在地上。他将盖板掀起，现出一个黑洞洞的洞来。他立刻明白，说了声："徐威显从暗道里跑了。"

韩天阔望着黑洞，心觉可惜，要跳下洞里搜找。赵俊生说："不必找了，这一定是条通向外面的暗道口，我们不熟悉下面的暗道，追不上的。"

原来，徐威显正在熟睡，忽然被一阵急速的敲门声惊醒，命随侍将门打开，一个小头目立即进来禀报说："大王，大事不好，敌人从天而降，宫外的守卫抵挡不住，敌人推倒宫墙攻了进来，宫中危急！"徐威显大惊，问道："事前怎么没人禀报？"那头目说："末将在宫中守卫，不知外面情况。"徐威显急忙出殿察看，见义军人马如同潮涌，冲了进来，知大势已去，不可挽回，急忙命那头目："快去率兵抵挡，不然要你的脑袋！"那头目答应一声，立即跑了过去。徐威显马上命随侍与他一起进殿，让随侍将殿门上死，掀开暗道门盖，带随侍从暗道里逃走了。

木兰听说徐威显跑了，大为遗憾。这时天已破晓．木兰觉得徐威显此时也许跑不出山去，立即命人传令各处一边剿贼，一边搜山，捉拿徐威显。

边关风云，木兰显威

突厥突然撕毁和约，再次犯隋，一是因为隋朝内部发生了变故，隋文帝偃驾，晋王杨广篡位，引起了朝野动荡，突厥王及其文臣武将们认为正是天赐的灭隋良机；二是隋朝与突厥签订罢兵和约后边关平静，隋军产生了麻痹思想，允许大部分将士退伍，边关兵力空虚，让突厥认为有机可乘。突厥王并非盲目进兵，而是事先派出大量侦探对隋军边关防线进行了细致的侦察，发现长城古北口和大安口两处隋军力量最为薄弱，便确定首先对这两处进行突袭，打算从这两处打开突破口，大举攻隋，直捣中原。

突厥王命多尔木为帅，率师作为第一梯部队，秘密向古北口开拔。多尔木在古北口打了隋军一个措手不及，很快攻破了隋军的防线。这时，突厥王亲率第二梯部队突袭大安口。古北口的失守让隋军警觉起来，事先加强了大安口防守，突厥王经过一番苦战，不能取胜，便派一支部队偷袭昌平，作为策应。昌平告急，大安口隋军分兵，突厥王趁机攻破了大安口。没想到贺璋及时将张方哲和龙一光两部及时调往古北口和大安口增援，形势陡变。隋军先收复了大安口，接着又收复了古北口。

两军进入了拉锯状态。这时候细作禀报，隋军居庸关防线兵力西调，内部空虚。突厥王便命多尔木留一半兵力在古北口佯攻，他带另一半兵力悄悄离开古北口，火速移向居庸关，让后续部队去古北口补充。多尔木当天夜里便秘密带领人马火速向居庸关转移。这一情报隋军并没有及时得到，所以古北口和大安口的隋军错失了趁突厥兵力变动发起进攻的机会。

当贺璋得到这一情报的时候，立即命张方哲星夜赶回居庸关，所幸张方哲行动迅速，赶到了多尔木前头。

这天，隋军元帅贺璋正在军帐中与参将王灼谈论突变的情况，中军突然进帐禀报说："元帅，唐公李渊派他儿子李世民带人马前来，求见元帅。"贺璋一听，不禁惊喜。他和唐公李渊是老朋友，正想知道李渊的消息，于是便让中军速清李世民进帐。

李世民一进军帐，连忙向贺璋施礼，"参见元帅。"

贺璋走上前去，双手搀起李世民，亲热地问好。

参将王灼知李世民一定有机密向贺璋禀告，示意中军退出。

王灼上前，与李世民见礼，"王灼久仰将军大名，今日得见，实在荣幸。"李世民急忙还礼，却不认识王灼，拿眼睛望贺璋。贺璋介绍说："这是王参将，大名王灼，饱读诗书，极有见地，如我左膀右臂。"李世民见王灼比贺璋略为年轻，约五十岁年纪，相貌文静，二目深邃，颇有城府，便说："王前辈，世民久仰！"

贺璋让一起落座，便迫不及待地问李世民："你父唐公可好？"

李世民连忙施礼说："谢贺叔叔问及我父，他老人家很好。他老人家命侄儿代他向您老人家问好。"

贺璋问："朝中新主登基，变故频频，本帅对你父甚是挂念。唐公现在情况如何？"

李世民答道："他老人家早已不在朝中，回太原了。"

贺璋听了，大为惊异，王灼也是一惊。贺璋问李世民："却是为何？"

李世民说："叔叔多年来常在边关，对朝廷中的情形不尽知晓。先王文帝在时，立杨勇为太子，晋王有心夺太子之位，贿赂众臣在先王面前为他说话。心怀不正的臣僚便与他勾结起来，阴谋篡位。有些清正耿直的大臣却拒受晋王贿赂，我父便是其一。晋王见我父不受笼络，疑忌在心，知我父与他道不同不相为谋，便设计陷害，命亲信去民间散布谣言，说什么'李子结实并天下，杨主虚花没根基'，并且编了一首歌谣：'日月照龙舟，淮南逆水流。扫尽杨花落，天子季出头'，教给城里城外的孩童到处传唱。"

贺璋闻言，大吃一惊："竟有此事? 晋王这不是有意害唐公吗? "

"是啊。"李世民说，"后来这歌谣传进宫中，晋王在先王面前解析此谣，说是姓李的欲夺姓杨的江山，撺掇先王降旨杀灭朝中的李姓。当时先王正在病中，不知晋王阴谋，信以为真，要传旨杀灭朝中李姓。有耿正朝臣奏曰：'若是如此杀戮，定使人心动荡，不如将朝中姓李的官员尽数削职。'我父对此事心如明镜，为免遭杀戮之祸，便趁机乞求先王准他回太原。先王念他一向忠心耿耿，格外开恩，命我父去做了太原留守。"

贺璋气愤地说："真是岂有此理！"

李世民接着说："后来新主登基，朝中对新主议论纷纷，暗传新主害死先王篡位。新主感到危机，便杀害朝中异己，不少忠臣被妄加罪名处死。幸亏我们全家早已远离朝廷，且我父握有太原兵权，新主没敢轻举妄动，才免遭其祸。新主登基后朝野动荡，突厥又趁火打劫，再次侵犯边境，国家命运令人担忧！我父生怕叔叔为他担心，并知道叔叔守边的艰难，就派小侄带三百人马前来面见叔叔，一是请叔叔不要担心他，二来对叔叔助以微薄之力。我父也知小侄带的人马太少了，但他老人家怕带的人马多了会引起朝廷猜疑，只好如此。"

贺璋感动地说："你父想得周到，太谢谢他了！兵不在多而在精。眼下边关正愁兵将不足，贤侄前来，正是雪中送炭。"又关心地问："唐公可有话让贤侄相告？"

李世民说："他老人家让我转告叔叔，叔叔为千军之帅，镇守边关，肩担一国安危，责任重大，千万不能受朝中变乱干扰，要一心率军抗敌。他说，镇守边关不是为皇上一人，而是为了国家太平，万民安康，这是为将帅者不可推卸的责任。我父说，朝中之事，叔叔在边关全当不知，驱除胡虏是大事。只有边关安宁，才有今后的一切。"

贺璋听了，暗想，唐公不愧是雄才大略、深谋远虑之人，感慨地说："天数也！是天降难于我隋，非人力可以抗衡。你父说得好，镇守边关是为了国家太平，万民安康。如此，贤侄与我一同保卫边关便了。西边古北口和大安口那里军情紧急，你就速去大安口增援吧。事不宜迟，咱们有话以后再说。"

李世民答应一声，辞别贺璋，率领人马，速去了大安口。

贺璋心里挂念着居庸关，便吩咐中军备马，让王灼随他一同去居庸关察看。

居庸关是边关要塞。张方哲正带领亲随巡视，见贺璋带人到了，急忙迎上前去。

三人一同拾阶登关。贺璋向张方哲说："老将军为本帅分忧，辛苦奔波，回来后又不能休息，马上布置防务，实在劳累你了！"张方哲马上说："谢元帅关心。"贺璋问："眼下这里情况如何？"张方哲摇摇头说："不容乐观。敌人已经三次试探性进攻，虽然都被击退，但是，据末将观察，敌人三次试探性进攻，都是为多尔木要从这里突破我军防线做准备。更大更恶的战斗，恐怕很快就要开始。"

贺璋点了点头，说："本帅在这里和将军一道镇守。"

张方哲听了，深深感动。

三人来到关上，张方哲向远方指指点点，向贺璋叙说突厥进攻可能选择的路线。贺璋仔细听着，不住地点头。最后，贺璋向他透漏了李世民奉李渊之命来援的消息和李世民带来的朝中情况。张方哲说："我也听说新主登基后妄杀异己，许多忠良被害被贬，还不知我们的命运会如何。"

贺璋思忖着说："新主登基后立即对边关降了安抚旨，也许朝中的变故，一时半会儿波及不到边关。"

"也许。皇上也不能不考虑，边关要是乱了，江山可危！可想起那么多忠臣被害，又不免让人有兔死狐悲之感。"张方哲仍然忧心忡忡地说。

贺璋嘱咐他："这些只是你我私下议论，可不要说与他人，以防扰乱了军心。"

张方哲深深点头，"末将明白。"

三人从关上下来，来到张方哲帐中。张方哲焦虑地说："元帅，眼下古北口和大安口几次被敌人攻破，虽然又被夺回，但以末将看来，危若垒卵。倘若长城不保，只怕突厥会长驱直入，不可收拾。眼下敌人士气旺盛，我军兵力不足，亟待补充，援兵怎么来得这样迟缓呢？"

贺璋不由得唉叹一声，说："战事火烧眉毛，我也着急，但有什么用？听说新主登基后各地不断出事，朝廷应接不暇，也许是无兵可调。好在从军的壮士正陆续赶来，我想很快就会解除兵力不足之虞的。卫国卫民乃是军人天职，我们就是战死沙场，也不能让敌人冲过长城来。居庸关是边关要塞，突厥要选择这里做突破口，要动员将士加强防守。多尔木只怕很快就要到达，至多三五天后，敌人就要发起进攻。到时候大家同仇敌忾，抱定殊死的决心，与敌人相拼就是了。"

"是，元帅！"张方哲回答。

令贺璋和张方哲没有想到的是，多尔木用兵迅速，已经到了关北。多尔木马上听取番兵汇报，第二天便发起了猛烈进攻。

贺璋和张方哲要带兵御敌，参将王灼建议说："敌人来势凶猛，暂时只可固守，避其锋芒，不可仓促出战。"贺璋考虑再三，若不出战，关外的阵地就要拱手让人。关外关内互为唇齿，关外阵地若失，突厥兵临城下，就会唇亡齿寒，到那时雄关陷入危机，更加被动，说："多尔木乃疲惫之师，我军乃有备之兵，若能出师措败敌人锐气，便可转守为攻，夺得主动。"

王灼觉得贺璋说的也有道理，心想，敌我各有仗持，谋事在人，成事在天，就看天心向敌还是向我了，于是便不再坚持。

贺璋与张方哲一起率师出关迎敌，双方展开鏖战。

木兰带领从军壮士日夜兼程，这天赶到居庸关，急忙往隋军老营报到。参将王灼连忙为他们登记，告诉他们，突厥正从关北攻来，元帅和张方哲将军已率师出关应敌，胜负难料，让他们立即出关支援。

大家一听情势如此紧急，都拿眼睛望向木兰。

敬雄和韩天阔望着木兰说："请花大哥带领众兄弟上阵。"

木兰说："众位弟兄，常言说来得早不如来得巧，我们赶上敌我鏖战，正是立功的时候，机不可失，时不我待。"

众壮士群情激昂，都说："现在不上阵，尚待何时？请花大哥下令！"木兰便与告别王灼，带领人马火速向关外赶去。

关外山岭起伏，北面鼙鼓震天，杀声动地。木兰带领众人驰马来到一座山梁，向北眺望。视野中，只见番兵如蜂似蚁，向隋军冲了过来，两军接仗，杀声震耳。

木兰对白敬雄和韩天阔说："二位大哥请看，番兵来势凶猛，我军被动应战，只怕难敌。要想取胜，必须出奇兵突袭敌人。前方，元帅已经带领人马吸引了敌人的视线，我们分两路急速绕道前行，从敌军的两侧迅速插过去，杀敌人一个不备。出击要猛，以迅雷不及掩耳之势，让敌人摸不着头脑。打乱敌人的阵脚，方可扭转战局。"

白敬雄和韩天阔赞同地点头，"花大哥说的是。"

三人不敢怠慢，立即将人马分成两支，一支由木兰和赵俊生带领，从左边绕道过去；一支由白敬雄和韩天阔带领，从右边绕道过去。

木兰又对白敬雄和韩天阔说："斩蛇先斩首，擒贼先擒王。冲进敌阵后，重点寻找敌人主将交战。若能很快将敌人主将杀死，敌人群龙无首，就会立刻恐慌，我军士气也会大振，趁势掩杀，敌人定然落败。"

白敬雄和韩天阔听木兰说得十分有理，心下佩服，一齐点头："明白！"

隋军和突厥接仗后，两军很快便混战在一起。双方激烈拼杀半天，只杀得尸首遍地，血流成渠，不分胜败。贺璋和张方哲忽见左边敌人呈现出混乱状态，立即带领人马，向左杀去。

多尔木忽然见贺璋和张方哲各带一支人马深入到番兵阵中，不由得一惊，暗想，若让他们杀开缺口，只怕不可收拾，必须过去抵住他们，若能擒了贺璋，隋军自败。急忙就近招呼大将多果罕，用手一指贺璋说："看，隋帅贺璋杀入了我军阵中，快与我一起冲过去，将他擒了！"多果罕不敢怠慢，随他朝贺璋冲了过来。

贺璋正带领将士拼杀，一见多尔木和多果罕冲了上来，立即迎上多尔木，恼怒地说："大胆多尔木，好生狂妄！和约本是你王乞求而订，订后我们信守，你们为何撕毁和约，再次犯我边境？我们为两国和好，一让再让，而你们却是一逼再逼，是何道理？"

多尔木自以为得势，哈哈大笑说："你这老匹夫，哪里晓得，我突厥位于朔方，地瘠民贫，哪里似中原那般富饶！我王欲借中原水土养兵，尔等不但不奏明你们皇上将中原拱手让我，反而百般抵抗，实在令我王气恼。我突厥兵精将广，你军一败再败。隋朝气数已尽，你若是识时务者，快快下马受降，保你高官厚禄！"

贺璋怒不可遏，"无耻的贼子，竟敢轻蔑我大隋。岂不知多行不义必自毙，还竟敢如此撒野？"招呼将士，"随我一起捉拿此贼！"

张方哲一摆大刀，招呼众将士："元帅身先士卒，我等何顾生死！奋勇向前，捉拿多尔木！杀啊……"

贺璋拦住多尔木，张方哲拦住多果罕，双方兵对兵、将对将，战了起来。

张方哲挥起金背刀向多果罕砍去。多果罕一挥狼牙棒，将刀架住，朝张方哲一笑："哈哈，你不是张方哲老儿吗？"

张方哲怒火中烧，"大胆！多果罕，你这泼贼，好生无理，看我怎样拿你！"

多果罕说："你偌大年纪，不要白白送死，快快下马投降了吧，我王定会对你重用。隋朝气数已尽，你何苦为它送命？"

"狂妄小子，满嘴胡言！"张方哲怒视着多尔木说，"你应知老夫多年守边，杀人如麻，突厥兵将不知有多少做了我的刀下之鬼。快快下马服绑，饶你不死！"说着，二次挥刀，朝多果罕肩上斜劈下来。

多果罕欺张方哲年老，想一手挥戟挡住张方哲的大刀，另一只手持戟从张方哲腋下进攻，便挥动右手中的狼牙棒格挡，想用左手从下边进攻，没想到"喳"的一声，右手中的狼牙棒被张方哲的金背刀断为两截。

多果罕没想到张方哲力量这样大，不禁大惊。正在他一愣怔之间，张方哲大刀劈了下来。多果罕眼看中刀，急忙后躲。张方哲策马上前，二次用刀逼住了他。多果罕只有挥动左手中的狼牙棒招架，勉强与张方哲战了几合，见自己不是张方哲的对手，不得不虚晃一棒，拍马便走。张方哲哪肯放过他，急追了过去。

一群番兵上来，把张方哲挡住。张方哲挥刀左右乱砍，一个个番兵被砍死在地上。张方哲杀开一条血路，又朝多果罕追去。旁边两员番将见多果罕危险，急忙冲过来，截住张方哲厮杀。番兵跟随其后，一齐拥来。

正在贺璋和张方哲与番兵杀得难分难解的时候，敌阵两肋忽然喊声鼎沸。木兰带领人马从左边绕道赶来，见正面临敌阵中腰，急忙向壮士们一挥手。从壮士随她一起高喊杀声，像一群出口的猛虎，如风似电地冲了上去，迅猛异常。

番兵见左侧突然神兵天降，势不可当，立刻惊乱。

木兰挥动亮银追风枪向番兵连连刺去，番兵立刻一个个倒地毙命。木兰接连出枪，转眼间杀开了一条胡同。

赵俊生从木兰左边杀入敌阵，挥动双刀，猛杀猛砍，番兵无法招架。鲁憨子从木兰右边冲了上去，挥起八宝屠龙枪，向惊乱中的番兵横扫过去，眨眼间几个番兵被扫落马下。王猛手持钢枪在鲁憨子右侧朝番兵连刺带挑，番兵无人能敌。众壮士见杀开了道路，如同洪水猛兽，向前冲去，刹那间番兵死尸成堆，惨叫一片。

番兵阵中的缺口越来越大。

几乎与此同时，白敬雄和韩天阔带领人马从右边突然杀了进来。众壮士如虎入羊群，杀声震天。番兵被震慑，一时不知所措。众壮士杀了敌人一个措手不及，番兵接连倒地，纷纷后退。众壮士一见，更加振奋，一会儿便杀开了一个大缺口，眼看要和木兰和赵俊生汇合。

番兵见两股人马风驰电掣地冲入阵中，所向披靡，势不可挡，却不知从哪里过来的人马，不禁惊异。有的番兵边退边喊："隋军援兵到了！"有的便喊："不好了，我们中了隋军埋伏！"俗话说"一犬吠形，百犬吠声"，这惊惧的喊声很快蔓延开去。番兵丧胆，望风北撤，战场上形势大转。

贺璋与多尔木势均力敌，杀了几个回合，不分胜败。多尔木不知身后的情况发生变化，见难胜贺璋，突然心生诡计，打算佯败诱敌，将贺璋诱入险境，然后杀回马枪制胜。于是虚晃一招，拖刀便走，贺璋不知是计，催马急追。

番兵中锋将军伊尔太见身后的番兵被左右两边的奇兵杀得乱了阵，正不知怎么回事，忽见多尔木败下阵来，更加吃惊，怕多尔木有失，只得丢卒保帅，撇下身边的士卒，奋不顾身地驰马上前接应多尔木。隋将见他离去，抓住时机，招呼士兵向番兵猛杀过去。将士们刀枪乱舞，如风扫落叶，番兵瞬间倒下一片。

左锋将军里木哈达正与隋将交战，忽听后方左右两边声如海啸，不由得吃惊，正在辨别发生了什么情况，忽见多尔木向后败去，顿时惊慌，怕多尔木有失，急忙赶去救援。

多尔木见伊尔太和里木哈达向他迅速靠拢过来，急忙向两人打了个手势。伊尔太和里木哈达才知他是佯败，用的是诱敌之计，知他是要诱贺璋入瓮，便放下心来，与他一起佯败，向北退却。

木兰带领众壮士杀开缺口后更如入无人之境，一会儿便杀到敌人核心，正在寻找敌军主将，忽见南面敌帅多尔木和两员番将败了下来。她不知是多尔木，也不知是伊尔太和里木哈达，但从他们的盔甲识出是突厥的主将，见他们虽败却不慌乱，知道是佯败，怕追过来的隋军上当，急忙手指里木哈达，招呼鲁憨子："憨子，你去截杀这个，我去截杀那个。"鲁憨子说一声"好"，驰马冲向里木哈达。

木兰急忙从伊尔太侧面冲上去，将伊尔太截住，朝伊尔太高喊："突厥贼，拿命来！"

多尔木见伊尔太和里木哈达被截住厮杀，大出所料。他只知在他后方全是番兵人马，却不知何时队伍被隋军截断，不禁大惊；知道佯败失败，便趁自己尚无人截击，撇下伊尔太和里木哈达，立刻拨马，向外冲去，这个佯败变成了真败。

伊尔太一望木兰，觉得可笑，说："你这白面娃娃，哪里经得住俺伊尔太一叉？"挺虎叉朝木兰胸前便刺。木兰挥枪朝他的虎叉一磕，磕得伊尔太身子在马上一趔。伊尔太一惊，望着木兰，心想，这娃娃小小年纪，好大的力量！再不敢轻视。木兰枪法迅疾，不容他缓过势来，挺枪刺他的咽喉。伊尔太躲闪不及，脖子被刺伤，急忙挥虎叉招架。木兰急速收枪，又猛一下向他胸膛刺去。伊尔太躲闪不及，被木兰枪挑落马下。

周围的番兵见了，立刻大骇，转身鼠窜。

鲁憨子截住里木哈达，大喊道："小子别跑，快叫干爹杀了你！"

里木哈达一见被截住去路，二话不说，抢起手中板斧朝鲁憨子就砍。鲁憨子将八宝屠龙枪朝上一横，板斧"咔"地一声砍在了枪杆上。里木哈达被震得身子一晃，"啊"的一声惊叫。鲁憨子却稳如泰山，哈哈地笑着，说："老子不向你还手。小子，我和你玩玩，再砍两下！"

里木哈达眨巴眨巴眼，忽然振作起来，说："你这憨家伙，不要笑得太早了。我里木哈达是我们军中数一数二的将军，还能杀不了你？"挥双斧又向鲁憨子砍下。鲁憨子不闪不躲，二次举起枪来相迎。"咔"的一声，双斧又一次砍在了鲁憨子的枪杆上。鲁憨子仍然稳如泰山，纹丝没动。里木哈达手中的双斧却被震飞了一把，急忙看看自己的手，见虎口被震出血来。

鲁憨子大笑："哈哈！这才过瘾，小子，再来两下！"

里木哈达惊骇，呆呆地望着鲁憨子，问："你到底是人还是神？"

鲁憨子哈哈一笑，"我是你干爹！快叫我干爹。"

里木哈达不知所云，见他身材高大、剽悍猛愣，心想，不好，我遇上煞神了！拨马便逃。

鲁憨子不禁诧异："嘿嘿！老子正跟你玩，你怎么跑了？"又招呼里木哈达说，"别跑，别跑，咱俩不玩家伙了，老子跟你摔跤，行不？"

里木哈达并不回头，鲁憨子懊丧地说："老子和你玩得痛快。你不回来，老子也要把你追回来再玩！"催马向前追去。

一群番兵插过来，让过里木哈达，在鲁憨子前面排成一道人墙。鲁憨子一见，好不气恼，说："老子不跟你们玩，你们挡住我干啥？"番兵举起刀枪向他杀来。鲁憨子挥枪在他们的头上一扫，"去你娘的！"十几个番兵被扫落马。鲁憨子不与他们较量，又朝里木哈达追了下去。

赵俊生向鲁憨子喊："憨子，回来！别中了敌人的奸计。"鲁憨子没听见，仍然向前追。赵俊生怕他吃亏，急忙赶了过去。

番兵见势不好，纷纷向北逃去，木兰等人紧紧追赶。

张方哲见木兰实在神勇，立刻策马过来，向木兰急喊："喂，壮士，莫追番兵。元帅陷入了敌人包围，快跟我去救元帅！"

木兰一听元帅被围，哪敢怠慢，向鲁憨子和赵俊生招呼一声，随张方哲驰马而去。

原来，多尔木逃到一片树林边，正好碰上突厥援兵到来，番将的布尤吉也赶了过来。多尔木一见大喜，立刻勒马回头，带领番兵朝紧追不舍的贺璋杀去。番兵很快将贺璋包围起来。贺璋和跟随的将士很快应接不暇。

张方哲和木兰驰马火速赶到，向包围贺璋的番兵杀去。两人刚刚杀开一个缺口，张方哲又被一群冲上来的番兵裹住。

里木哈达出现在张方哲面前，截住了张方哲。木兰一见，担心地朝张方哲喊了一声："将军……"

张方哲不假思索地说："不要管我，快去救元帅！"

木兰撇下张方哲，继续朝前冲。见敌人紧紧包围了贺璋，不由得着急，挥枪刺死面前一伙番兵，冲入重围。

里木哈达向张方哲说："张将军，你们的元帅就要被我们擒住了，你快快下马就擒了吧。"张方哲呵呵一笑："你里木哈达有何本事，也想擒我？"里木哈达说："将军若是敬酒不吃吃罚酒，那就休怪我不恭了。"张方哲望着他说："你不要夸口，我与你决一雌雄！"两人较量起来。

敌人的包围圈里，贺璋正同多尔木奋战。

多尔木向贺璋笑道："贺璋老匹夫，你中了我的圈套了。你已经被我诱入了我们的包围，逃不了了。老对手，你终于落在了我的手里！快快放下兵刃，下马受绑！"

"哈哈！"贺璋也是一笑，"多尔木，你不要痴心妄想！我与你决一生死，不杀你这贼，我死不瞑目！"

多尔木两眼望着他说："好一个不识时务的！既然你认死不降，我就不客气了。"挥起长柄大刀，朝贺璋头上砍下。贺璋急忙招架，两人战在了一起。多尔木见贺璋气力不继，枪法露出破绽，连忙挥刀向贺璋砍去。

贺璋见他大刀来势凶猛，一边挺枪招架，一边躲闪，双脚一磕马腹，战马昂首前窜，闪过了多尔木的大刀。

多尔木没砍住贺璋，却砍在了贺璋坐骑的后身上。战马支撑不住，惨叫一声倒地。贺璋栽下马来。

多尔木急忙举刀，向贺璋斩下，心中得意，暗想贺璋这一下必死无疑。

就在这一刹那间，一道白光突然从多尔木左边刺了过来。多尔木手中的大刀立即被挡在空中，无法落下。多尔木不知大刀撞上了什么，只听"咔"的一声，面前火光四溅，吓得他急忙后仰。

多尔木立刻镇定下来，只觉得双臂被震得剧烈疼痛。他不知是什么神力挡住了他的大刀，所幸大刀没有脱手。急忙定睛一看，见是一杆长枪横到了面前，持枪的是一个年轻小将，将他的刀架在了空中。他为一个年轻后生的武艺和力量而惊骇，他不知这年轻后生是怎样突然闯到他面前的。他记得在他举起刀来之前，并没有人靠近他，这小将的出现只在眨眼之间，而且出枪快如闪电，枪上的力量竟然比他刀上的力量不知大过多少倍！他实在不相信眼前的事实，觉得这简直是一场梦。刹那之间，他不得不这样想：除非神助，焉能如此！心中大为惊惧。

木兰怒眼望着他大喊："贼寇住手！"

就在这当儿，木兰身下的白龙马收不住前冲的惯性，直冲多尔木的马首。两马相撞，共同跃起前蹄，同时发出一声巨鸣："咴咴咴……"多尔木的战马不抵白龙马的力气，被冲了一个趔趄，差点儿将他闪下来。

多尔木一阵惊慌，觉得眼前的处境十分危险，怕木兰反手进攻，赶快收回大刀，一手紧勒马缰，一手挥刀封住了门户。

木兰怒极，就势挥枪朝多尔木扫去，大吼一声："拿命来！"

多尔木立即用大刀格住，知道不是木兰的对手，再不敢恋战，急速拨马而逃。逃路中向外一望，见隋军几员战将如风似电地杀了过来，眼看自己要陷入重围。他更加害怕，越发的不敢怠慢，猛力催马，心中却是十分的不解：局势陡转只在转瞬之意，以前与隋军作战从未见过，难道隋军真有神助？

冲上来的隋将一齐辵马，朝他追赶下去。前方的番兵见多尔木被追，一齐拥了上来，让过多尔木，挡住了隋将。待隋将杀散上来的番兵再追，多尔木已经逃得远了。

里木哈达正与张方哲激战，忽听周围大哗，不禁惊异。这时便听见有番兵大喊："元帅危机，快去救元帅！"刚才元帅率兵将贺璋围在当心，隋帅毙命或者被擒已成定局，怎么转眼之间我帅却逃了？他不禁大愕，不敢再战，急忙命令身边的番兵："休要恋战，快随我去保护元帅！"向张方哲虚晃一斧，撇下张方哲，飞马而去。

木兰见多尔木逃走，急忙下马，上前搀扶贺璋："元帅受惊了！元帅无恙？"

眼前的局势陡转也让贺璋摸不着头脑，他觉得这几乎是不可能的事，却在他眼前神奇地发生了。他两眼呆呆地望着木兰，觉得实在是神兵天降，心里突然涌上一股感激之情，说："多亏壮士来得及时，出手迅速，本帅无恙！"

张方哲也飞马赶了过来，急忙下马，与木兰一起搀扶贺璋，担心地问："元帅，怎么样？伤着了没有？"

贺璋说："有惊无险，多亏这位壮士！"

张方哲这才放下心来，与木兰一起将贺璋搀起，"谢天谢地！元帅无恙，实是我军大幸！"说着抹了一把脸上的冷汗。

众人在贺璋落马的那一刻便都吓坏了，急忙上前去救，却不及多尔木的大刀速度快，在多尔木大刀砍下的那一瞬间，吓得心都快要跳了出来。如今见贺璋神奇得救，又转忧为喜，怕贺璋摔伤了身子，连忙上前相扶。贺璋安慰大家说："都不要担心，我身无事。"望着木兰问："这位小将是何人，我怎么没见过？"

木兰连忙施礼说："末将离家应征，赶到这里，去营中报到，听说军情紧急，元帅出战，立即赶了过来，尚未及向元帅见礼。"

贺璋一听，惊喜非常，又问："壮士尊姓大名？"

木兰答："不敢，晚辈花木棣。"

"何方人氏？"贺璋又问。

"梁郡商丘营廓镇人氏。"木兰答。她看贺璋没事，追杀番兵的机会不可错过，忙对张方哲说，"老将军，番兵仓皇而逃，正是掩杀的好机会。老将军在这里照顾元帅，晚辈和众壮士一起前去追杀敌人！"

张方哲说："壮士放心前去。"

贺璋连忙向木兰嘱咐说："见机行事，不可贪功。多尔木诡计多端，小心不要上当。"

木兰答应一声："谢元帅！"招呼众壮士，"跟我来！"带领人马，风似的朝溃逃的番兵追了下去。

贺璋见了，不禁赞叹："好勇猛的一支人马！好威风的一员骁将！"

张方哲情不自禁地说："元帅不知，这位小将虽然年幼，谋略和武艺实在惊人。在敌人气势如虹之时，正是他带领一彪人马，真如神兵天降，突然从敌人左侧山口杀出，出敌不意，攻敌不备，登时便打乱了番兵阵脚。他带来的将士杀伐勇猛，趁势杀上去，如入无人之境，迅雷不及掩耳，贼兵闻风丧胆。恰巧，敌人右侧也有一支奇兵突出，很快杀入敌阵，敌人右边阵脚也大乱起来。……正是这两支人马突然出现，使整个局势陡转，番兵整体惊慌，我军士气大振……"

贺璋听了，惊叹不已："实在太出人意料了！两支人马配合如此默契，并非偶然。也许原本是一支，事先由通晓兵法者统一部署。左右奇兵突出，杀入敌人两肋，致敌大乱，此为'钳其两肋，伤敌要害'，非深晓兵法者不能出此计！"

张方哲又说："两员敌将接应多尔木，被他和另一位壮士截住。他拦住敌将伊尔太，未经几合，便将伊尔太挑落马下，武艺实在惊人。"

贺璋更加称赞："此人定是胸有预谋，有意伤敌人要害！不但武艺高强是其倚仗，而且谋略过人，实是大将之才。这支人马来得如此及时，天助我也！"说罢又不由担心，"但他们年轻气盛，初生牛犊不怕虎，又是初来乍到，尚不知彼，而且也不熟悉地形，追赶番兵，让人难以放心。老将军速速赶去，让他们停止追赶，以防误入险境。"

张方哲听了，命人好好照顾元帅，立即驰马前去。

不多时前方传来消息：逃敌忽然不知去向，隋军已停止追赶。贺璋意识到番兵有诈，传令将士千万不要再追赶，原地观察对方去向。

突厥没敢反扑，贺璋命大军打扫战场，在关外扎营，把自己的军帐也由关里迁到关外。

天晚的时候，诸事安排妥当。贺璋心里仍在为今天的胜利激动，高兴地向参将王灼叙说战局惊天大逆转的始末。王灼喜出望外，说："说实话，元帅出战，我真为元帅担心呢！元帅于危难中逢凶化吉，偶得将才和强兵，此所谓遇难呈祥！非同寻常。有此吉兆，以卑职看来，也许边关局势会就此扭转，元帅之忧可解了。"

贺璋听了，更加欢喜，想起自己当时有许多话要向那个名叫花木兰的小将询问，只是未来得及，便命张方哲差人传花木棣进见。

一会儿，木兰被传来，贺璋与张方哲一起热情相迎。

贺璋问木兰："你带来的那些壮士现在哪里？"

木兰说："正在搭建帐篷，等待命令。"

贺璋对张方哲说："将他们全传过来，我要马上接见。"

张方哲又立即出帐，命人去传。

贺璋招呼木兰与王灼一同坐下，向木兰问道："将军言说籍为商丘营廓镇，有一位花老将军，名叫花弧，你可认识？"

木兰连忙起身，恭敬地说："那是晚生高堂。"

贺璋更加惊喜，这时张方哲走进帐来。贺璋激动地向张方哲一望："张将军，这可太巧了！"

张方哲进帐时听见了木兰的话，也是意外惊喜，两眼望着木兰，情不自禁："实在是太巧了！花老将军当年在元帅麾下，屡立功劳；没想到小将军替老将军从军，又到了元帅麾下！"上前亲切地轻轻拍着木兰的肩膀说，"小将军，我乃张方哲，当年与你父一同杀敌，友情深厚。"

"啊！"木兰惊喜地望着张方哲，"原来您就是张老将军！请受晚辈一拜。"

张方哲连忙制止说："罢了罢了，见到小将军，真令人高兴！"

木兰激动地又向贺璋礼说："晚辈见到老前辈尊容，实在荣幸！晚辈在家时，常听我父说起元帅的大恩和他老人家与张老前辈的友情，他老人家对元帅和老将军十分思念。"

"哈哈！"张方哲爽朗一笑，"元帅和我也时常念叨他呀！你父武艺高强，没想到小将军更加出类拔萃。真是虎父无犬子，一代更比一代强啊！"

贺璋接着问道："你父现在可好？"

"谢元帅问及。"木兰说，"他老人家很好。只是年纪大了，晚辈不忍让他再事戎马，替他老人家来了。"

张方哲称赞说："小将军真是孝子啊！"

他们正说着，中军进帐说："元帅，张老将军，众位壮士奉命来到，在帐外候令。"

贺璋连忙说："传他们进帐。"

众壮士进帐一见贺璋，急忙施礼："参见元帅！"

贺璋欢喜地说："罢了，罢了！众位壮士，你们在战场上奇兵突出，扭转乾坤，功非寻常！我已吩咐中军为你们每人记功！尚不知众位姓名。"

白敬雄和韩天阔说："元帅，计策都是我们花大哥谋划，应该为他记功。"接着便向贺璋和张方哲说了木兰让他们兵分两路，奇兵突袭的经过。

贺璋兴奋地向张方哲说："果然如我所料！"

张方哲会心地一笑，说："果然如此！"

贺璋让中军过来，一边问着他们的姓名，一边让中军记录。木兰说："元帅，我们有一本功劳簿，劳中军照抄就是了。"说着便对李别说："李大哥，将两狼山的功劳簿呈与元帅。"李别连忙掏出功劳簿，呈与贺璋。贺璋诧异地望着木兰，"在两狼山时的功劳簿？你们……"

刘飚直爽地说："元帅不知，两狼山贼寇到钟家庄抢劫，正好被我们撞上。花大哥巧妙运筹，将那股山贼杀了个全军覆没；接着又率领我们和乡亲们苦战一夜，将两狼山连锅端了。"

贺璋一听，喜出望外，说："我们早已探明，二狼山贼寇与突厥勾结，正担心两狼山会成为边关后患，没想到你们将这一后患除了。你们立下此功，更是可喜可贺！"便对中军说："将这份功劳簿照抄于军中功劳簿上，将他们今日的功劳录于其下。"

众人听了，高兴不已。

贺璋望着木兰，心想：这个花木棣，小小年纪，却是大将之才！向木兰说："两狼山被剿，你是头功。今天又指挥众壮士出奇兵扭转战局，救了本帅，应该怎样为你记功呢？"

木兰向贺璋施礼说："元帅，今天的事，是晚辈偶发奇想，微不足道，就不记了吧，为众位壮士记功就是了。"

"好一个'偶发奇想'！"贺璋高兴地说，"不晓兵法，焉能想得出来？今天的事要为大家记功，更要为你记功！"

木兰说："我们在剿匪中搜集了一些敌人情报。"又向李别说："呈与元帅。"李别又从怀中掏出一牒情报来。中军接过去，呈与了贺璋。贺璋看了几页，频频点头说："太好了！这些情报，对我们掌握敌情十分重要，待本帅事后详细阅览。"

木兰从怀中掏出半只牛角，呈与贺璋，说："元帅，这是在钟家庄一个突厥贼兵身上搜到的，我们都才疏学浅，不识是什么东西，请元帅指教。"

贺璋接过一看，十分惊讶："这不是突厥王的秘密令牌吗？"随即让王灼观看。

王灼仔细一看，肯定地说："元帅说得不错，正是突厥王的秘密令牌。此为突厥王密差心腹执行特殊任务的凭照，怎么到了突厥士兵手里？"

贺璋说："不难解释，那个被杀的突厥贼兵是执行突厥王密令的心腹。看来，两狼山很受突厥王重视，竟然派心腹秘密潜入其中。两狼山若不被剿，那股贼寇定会成为突厥内应，说不定会酿成怎样的祸患！壮士们的功劳更是非同寻常了！

木兰问："如此说来，这秘密令牌以后对我们还有用处？"

王灼说："大有用处！突厥王不知他心腹被杀的消息，我们就可以将计就计。"

"是啊。"贺璋说，"到了用得上它的时候，也许会起到意想不到的作用。"又郑重地嘱咐众人，"众位壮士，今天起，大家要严守机密，在以后的言谈中不要再提起这半只牛角。到用得着它的时候，好出敌不意。"便让中军小心保存。

贺璋又把话题转到今天的战役上来，问中军："各部是否将俘

房报了上来？"中军说："已统计上来三百多人，还正在统计，杀敌人数统计尚在进行中。"贺璋说："让各部认真统计立功将士，不要漏掉一人，要对立功将士好好表彰。"

张方哲心有感慨："这次敌人伤亡惨重，不但出我们所料，也出敌人所料。"

贺璋觉得多尔木不会善罢甘休，说："这些敌军胜多败少，傲气十足，今天突然大败，我想他们定会谋求反扑。"

张方哲深深点了一下头，"我也在想此事。今天我们是奇兵制胜，料多尔木不会服气。不可大意，一定要加强戒备，防止敌人偷袭。"

贺璋想考查一下壮士们的见识，说："众位壮士，不要拘束，如何防备敌人，请各抒己见。"

开始时，壮士们还都不好意思发言。后来经过贺璋和张方哲引导，便都畅所欲言。贺璋听了，觉得他们都有很好的见地，不由得心里高兴。

木兰说："元帅，敌人若来突袭，我们不如给他来个请君入瓮。"

"请君入瓮？"贺璋觉得别致，便问，"说说看，如何请君入瓮？"

"以晚辈之见，元帅可一边让将士们秘密布置防守，一边大张旗鼓，让将士们在晚上大摆庆功宴，尽乐尽欢。敌人以为我们是被胜利冲昏了头脑，必然不会误了偷营的大好时机，秘密前来偷袭。待他们进来，我们就瓮中捉鳖……"

众壮士一听，纷纷赞成说："好计！"

张方哲也说："过敌一筹，实在是好计！"

贺璋挂帅，多年在边关御敌，皇上允许他的家眷随军，已经好几年了。贺璋没有儿子，只有一个独生女儿，名叫贺虎兰，贺璋夫妇对她爱如掌上明珠，但却不娇惯。贺虎兰生了一副直爽、泼辣的性格，

186

心直口快，平常像个男孩子，喜欢冒险。贺璋军备繁忙，经常不回家来，管束女儿的事就交给了夫人，贺夫人经常拿女儿没办法。

这天，贺虎兰一个人骑马出门，很晚不见回来。贺夫人心中惦念，打发管家马聪去找。马聪出去找了许多地方，也没找到她的影子。贺夫人见马聪也迟迟没有回来，怕女儿在外边出什么事，更加挂念起来。她在府中等得焦急，忍不住出屋，来到大门口望。正在这时，马聪回来了。

贺夫人一见他便急不可耐地问："虎兰回来没有？"

马聪丧气地说："回夫人，老奴到处都找遍了，也没找到姑娘。不过，夫人不要担心，姑娘不但会武艺，而且很有智谋，不会出什么事的。"

贺夫人满面焦愁，无可奈何地向马聪埋怨女儿："你说这疯丫头！仗着会些武艺，可了不得了，整天闹着要上战场帮他爹打仗。我和他爹不同意，她总是不安心，老想到战场上去看看，我是管不了她！"说着，无奈地与马聪一起回府。

正在这时，贺虎兰回来了，只见她骑着一匹高头大马，像个从征的武士，风风火火地策马来到府门，见母亲正往家走，便叫了一声："娘，我回来了！"

贺夫人突然听到了女儿的声音，回头一看，见贺虎兰跳下马来，便不禁埋怨道："跑到哪儿去了？一点规矩也没有！"

贺虎兰孩子似的，顽皮地朝母亲笑着，大大咧咧地牵着马进了院。

马聪一边上前接马一边说："姑娘，你可回来了！不然，非把夫人急坏不行。我找了许多地方，都找不到你，你到底到哪儿去了？"

贺虎兰神情错愕地望着马聪："找我干什么？怕我飞了、跑了，还是怕我被人吃了？"

母亲嗔怪她说："看你这丫头！你爹就你这一个宝贝女儿，他不在家，让娘照看你，你出去大半天不回家来，不让人挂念吗？你疯到哪里去了？"

贺虎兰今天很开心，又嘿嘿地笑了一笑，俏皮地向母亲卖关子："娘，你猜女儿到哪里去了？"

"是不是到战场上去了？"贺夫人猜道。

"咯咯……"贺虎兰笑得脆响，"娘猜得真准！"

母亲倒吃了一惊："啊？我的天！你真的到战场上去了！那里是女孩子去的地方吗？"

贺虎兰自负地说："战场有什么了不起？不就是打仗吗？刀光剑影，血肉横飞，女儿不怕！"

母亲瞪了她一眼："你不怕我怕！"

贺虎兰嘿嘿地笑着，上前抓住母亲一只胳膊，亲昵地把脸贴到了母亲的肩膀上，"放心吧娘，女儿不会出什么事的！"忽然又郑重地向母亲说，"娘，你不知道，今天，我爹可悬了！"

贺夫人听了，吃惊地望着她，"怎么了？"

贺虎兰绘声绘形地说："战场上，我爹正和突厥元帅多尔木厮杀，多尔木战不过我爹，突然拖刀逃走。我爹不知是计，追了过去，竟然中了多尔木的圈套。"

"啊？"贺夫人一听，吓黄了脸，急促地问："你爹怎么样了？"

贺虎兰继续说："贼兵把我爹包围起来，多尔木砍伤了我爹的战马，我爹栽下马来。多尔木朝地上的我爹举刀就剁……我爹觉得这一下完了，在地上一闭眼，就等为国捐躯了……"

"天哪！你爹他……"贺夫人吓得几乎说不成话了。

马聪听了，也吓得瞪大着眼睛望着贺虎兰。

贺虎兰见他们如此，倒笑了，"咯咯……你们不必担心，我爹不会有事的。我爹要是完了，突厥打进来，大隋朝不就完了？我爹福大命大，老天保佑着呢！"

贺夫人担心，着急地问："你爹到底怎么样了？"

贺虎兰兴奋地连说带比画："多尔木举刀砍向了我爹，眼看我爹就要没命。在这千钧一发之际，突然一声大喊，'贼寇住手！'一员小将冲到跟前，银光一闪，长枪横在了多尔木面前，多尔木的大刀被牢牢地挡住，护住了我爹；接着一下，把多尔木的大刀挑飞了。"

贺夫人手扶胸口："啊呀我的天哪！"

"我爹得救，多尔木一看那小将十分厉害，夹起尾巴逃窜了！"

"真的？"贺夫人听她像是在讲故事，半信半疑，仍然担心地问。

"当然是真的！"贺虎兰认真地回答。

"你亲眼看见的？"

"不是。"贺虎兰说，"我见到了张老将军，是张老将军亲口跟我说的。"

"哪个张老将军？"

"就是张方哲张老将军嘛，你和我爹让我喊他张大爷的那个。"

马聪一听，放下心来，向贺夫人说："夫人不用担心，这话既然出自张老将军之口，不会有假。元帅无恙，谢天谢地！"

189

第四章　女中豪杰，智勇双全压群雄

贺夫人感动地说："啊呀，多亏了那员小将啊！那小将是谁？"

"那小将是刚刚赶到前线来的，名叫花木棣。"贺虎兰兴冲冲地说。

"花木棣……"贺夫人念着这个陌生而新鲜的名字，朝天上望着，"天助你爹！花木棣是你爹的救命恩人。咱们该怎样谢谢他呀！"

第五章

巾帼英雄，横扫胡军建功勋

　　花木兰的事迹流传至今，中国古代巾帼英雄，忠孝节义，代父从军而流传千古，唐代皇帝追封为"孝烈将军"。花木兰是中国古代四大巾帼英雄之一，她是中国南北朝时期一个色彩极浓的巾帼英雄，她的故事也是一首悲壮的英雄史诗。

火烧粮草，击败胡军

光影似剑，日月如梭，转眼就过去了九个年头，在一个春暖花开的季节里，大军在一个山脚下安营扎寨，与对面的胡虏形成对垒之势，双方经过几次战斗，都未分高低。

一天，一位自称非常了得的胡军大将在营前挑衅，大营一员大将冲了出去，一统鼓响，消息回来，出战的大将被那胡将斩了脑袋。众人大惊，又一大将冲了出去，不久，探马回报，那将被活捉了过去。众人皆失色。第二天，那胡将又前来挑战，有几位大将出去应敌，但都大败而归，一连数日，皆是如此，胡将再来挑战，无人敢应。这时金石讨令出战，元帅准令。

金石提枪便出，李广等人皆为他助威呐喊。那胡将正在阵前，手提钢叉，蹚马示威。木兰一眼认出，此人正是曾经在京城摆擂的那个胡人，而此时的金石也由一个少年成长为一个壮汉，二将马打对头，都认出了对方，仇人见面，分外眼红。金石二话没有，抢枪就刺，胡将摆钢叉相应，金石报仇心切，马走三合，一枪刺那胡将于马下，大获全胜。回到营时，元帅出账相迎，金石从此名声大振。

一天，金石和柳云来到大帐，金石命令左右把住门口，任何人不得擅自进入。金石说道："我刚刚在元帅那里得到将令，叫我等组成一支精干的小分队，去执行一项特殊的任务。"金石看看众人，顿了顿又说："由此向北有一座葫芦谷，谷内囤积了大量的胡军粮草。葫芦谷，地势险要，三面环山，而且都是悬崖峭壁，正面谷口，修筑了高大的城墙，城门还设有一个千斤的闸板，想从正面攻上去是不可能成功的。我们的任务就是，从背后的绝壁爬上去，烧掉胡军的粮草，此事关系重大，元帅特派遣柳云将军前往协助，大家做好准备，今夜就出发。"

当天夜里，老天作美，乌云密布，一行二十几个人，悄悄地溜出了大营，小心地穿过封锁线，向葫芦谷方向走去。天亮以后，一行人不敢走大路，只在林中穿行。傍晚，一条大河拦住了去路，由于上游下了大雨，河水暴涨，水流湍急。众人伏在河岸，观察了周围，见没有什么动静。金石摆手示意要求泅水过河，众人陆续下水，木兰也紧跟着下了水。木兰虽然懂些水性，但不太熟练，也从未见过这么急的流水，走着走着，脚下便没有了着落，不得不用力滑动手脚，吃力地向前游着，越向前越感到水急，木兰有些支持不住，但看见前面还有一些脑袋在不时地晃动，心想，兄弟们都还在，自己也一定要坚持下去，绝不能放弃。过了一段时间，脚下有了感觉，脚尖用力一蹬，冲出好远，脚一着地，便向岸边走上去。弟兄们大都上了岸，有的在休息，有的在拧干自己的湿衣服，木兰刚要坐下来的时候，就听到有人喊："啊呀，河中间还有一个人。""大家数一下，看看少了谁？"木兰眼快，一眼就认出是金石。金石被湍急的水流冲得失去了控制，不停地在水里挣扎，木兰边喊边向河中央跑去，却被柳云一把抓住了，木兰急得直跺脚，柳云无奈地说："来不及了。"眼看着金石在水里面挣扎了几下，便不见了身影，众人都伤心地掉了泪。

随后在柳云的率领下，众人在第三天到达了葫芦谷。柳云安排其他人休息，带了李广，木兰和小宝出去勘察地形。走了很多地方，最后在一处峭壁前停了下来，此时已接近黄昏，四人伏在峭壁的对面，仔细观察。木兰觉得与其他的峭壁没有什么两样，只是零落了几棵小树。天色已晚，柳云还在观察，像是在等待什么。木兰看了看，什么也没有，就在这时，一队胡军的流动哨兵在下面走过，待他们走远后，四人方才起身离去。回到营中，柳云向大家简单地介绍了勘查的情况，然后又说："要想进入谷中，必须有一个胆大心细的人首先登上崖顶，然后放下绳索，后面的人方可上去，不知哪位可以担当此重任？"众人沉默不语，柳云用目光扫视了一遍，仍旧无人应声。这时，木兰说："我愿意一试。"柳云点点头，像是在说只有你才可以担当此任。柳云接着说道："进到谷后，各自引了柴草放火，大火一起，谷内必会打乱，我乘乱杀向城门，奇黑在前，李广在左，木棣在右，我自断后，由奇黑劈开城门，杀出一条血路，我等方可逃出。"又叮嘱道："劈开城门后，要迅速出城，否则千斤闸一落，再想出去，似比登天。"

　　第二天，下午的时候，柳云率队伍来到他们昨天看好的峭壁前埋伏起来。黄昏时，那一队流动的哨兵又一次走了过去，看见他们走了，木兰立刻起身，被柳云一把按了下来。木兰正疑惑时，又一胡兵走了过来，边走边提裤子。原来，柳云已注意到今天少了一个人，木兰倒吸了一口凉气，暗暗说，好险好险，不由得佩服起柳云。胡兵走远了，木兰看了看柳云，柳云拿出一把硬弩，挂在木兰的腰间说："带上它，会用得着的，到了上面后，要仔细观察，万无一失，方可放绳。"木兰点点头，随后，背起大绳，手提长竿，快速奔到崖下，举起长竿，把它挂在一棵小树上，拉了拉，十分牢固，转身看了看身后的弟兄，那眼神似乎在说，兄弟们，看我的。然后很快又转过来，向崖上爬去。到半山腰时，突然一脚踏空，身体顺着长竿溜了下来，底下的柳云被吓得一下子站了起来，忽然又见木兰停住了。众人都为木兰捏了一把汗，木兰紧紧抓住木杆，再一次用力向上攀去。终于，木兰成功到了崖顶，木兰俯身下去，仔细地观察了低下的动静，一个人影也没有见到。木兰觉得很安全了，转身系好大绳，刚要往下扔的时候，听见人说话的声音，木兰赶紧伏下身，藏在草丛里向声音的地方望去。就在不远处，有几棵紧靠在一起的大树，树杈上面搭了一个哨台，这时有两个胡兵正在小声说话，如果他们不说话，根本不可能发现。

木兰心想：幸亏发现得早，不然的话就前功尽弃了。现在怎么办呢，看来只能悄悄地干掉他们，才可以万无一失。木兰看看那两个哨兵，没有发现自己，就慢慢地靠了过去。然后该怎么做呢，正思索间，一个哨兵从上面跳了下来，向旁边走去，渐渐地走远，木兰想机会来了，但还没有来得及反应，那个哨兵又回来了，木兰心中一急，立刻改变了主意。待这家伙走近时，木兰捡起一块石子，朝他的背面扔了过去，一听有落石的声音，这家伙转身看去，这时木兰从背后猛扑上去，左手捂嘴，右手抡短剑直刺喉咙，那家伙挣扎了几下，翻了白眼，就泥一样地瘫了下去。一连串的动作，干净利索，几乎没有声响。木兰又抬头看了看上面的哨兵，趁他不注意的时候，一个箭步窜到树下，两眼紧紧盯着上面蹑来蹑去的哨兵，木兰伸手摘下硬弩，上弦拉箭，准备发射。木兰不停地告诉自己，一定要射中要害，而且不能弄出声响，否则依然前功尽弃。哨兵手扶木杆向下观望，木兰抬弩瞄准，刚要射时，那哨兵又转身回去了，木兰收了弩紧张地看着他。

哨兵转了一圈，又转了回来，竟然把身子探了出来，脖子也伸得老长老长。绝好的机会，"嗖"的一声，一箭射中咽喉，哨兵无声地栽了下来。这回可以放心地做想要做到的事情了，木兰转回来，重新系好大绳，并向下扔了下去。不多时，柳云第一个上来了，赶忙问木兰发生了什么事，于是木兰把刚才的事一一告诉了柳云。随后，众人也陆续上来，柳云见人已到齐，就下令点火。不一会儿，谷中火光冲天，浓烟滚滚。胡兵大乱，柳云见状，带众人向城门跑去。城门早有防备，双方就在那里展开了血战，奇黑杀开一条血路，接近城门，一顿大斧，劈开了城门，众人一个接一个向外冲出去，这时就听见有人在上面喊"快放千斤闸"，只听"吱呀呀——"千斤闸徐徐降落下来，柳云下令"快撤"，众人都冲了出去，只剩下木兰被胡兵团团围住，柳云回转身，杀散那些哨兵，拉起木兰的手奔向城门，可是，已经来不及了，千斤闸即将落地。奇黑一见，快步窜到闸下，大斧一横，力举千斤闸，这下，柳云和木兰才逃了出来。

众人回到大营时，两军早已开战，胡虏军凭借他们的骑兵，不断地发起猛攻。这边的老元帅也披挂上阵，亲临战场指挥。胡虏大军，渐渐地占了上风，这边的军队便有了一些骚动，老元帅亲手砍了几个后退的士兵，才平息了骚动。有人建议，这样下去是不行的，可派一支精锐兵，杀入敌阵，打掉指挥塔，我军方能取胜。老元帅手搭凉棚，向远处望去，果然有一个高高的塔台，上面有人挥动旗帜指挥作战，确实起到了关键的作用。老元帅即刻下令，命柳云火速点起人马，杀入敌阵，干掉指挥塔。

胡军很快发现了这支精兵的意图，拼命阻拦，但怎是这几个人的对手。木兰他们很快便杀到了塔台下，结义的三哥第一个冲了上去，结果被打了下来，四哥又继续冲了上去，但又被打了下来，眼看胡兵越来越多，弟兄们也伤亡惨重，木兰心里一横，口叼钢刀，顺着云梯向上爬去，已近塔顶，一把钢叉飞了出来，木兰一侧身，一杆长枪又当胸刺来，木兰一闪，又是落空，木兰就势抓住枪头，向下猛拉，卫兵"啊"一声摔了下去。见此，木兰又飞身上了塔顶，另一个卫兵挥刀劈了过来。木兰闪身躲过，捧刀砍了出去，由于用力太大，活活把那卫兵劈成两半，刀也随之一起掉了下去。挥旗的见有人上来，赶紧扔下手中的旗，向木兰扑来，木兰不敢战，左拳向上一钩，右拳直挥面门，随后又飞起一脚，将那挥旗的人踢下塔台。这时台下燃起了熊熊火焰，火苗顺着云梯向上漫延，云梯是下不去的，木兰转身看看下面，刚被踢下去的人摔成了肉饼。

宁可跳下去也不能在这儿被活活烧死，想到这里，木兰眼一闭，牙一咬，纵身跳下塔台。下面的柳云看得真真切切，伸出双臂，直奔木兰。木兰的身体撞到了柳云的身上，柳云倒退了几步，摔倒在地上。木兰睁开眼睛的时候，见自己正躺在柳云的身体上，很快就明白了一切，就在这时，一把大刀飞了过来，柳云一把将木兰推开，飞起一脚，踢翻了那个胡兵。由于胡兵失去了指挥，阵脚大乱，老元帅乘机掩杀过来。这一战直杀的胡军尸横遍野，血流成河，败退了几十里。接着，老元帅又派柳云为前锋，率本部人马乘胜追击，又接连打了几个胜仗。

胡军反击，围堵大营

中秋圆月时节，老元帅在军中大帐摆下了庆功酒宴。席间，老元帅执起木兰的手来到正中，高声说道："诸位，这就是我军杰出的将领，万马军中取上将的首级如探囊取物一般的花木棣，此次大捷，花将军立下了头等战功，他日还朝，本帅必在圣上面前多多保举，重重的赏赐他。当然众将也是功不可没，好吧，来为我们的胜利干杯"。说罢，把酒一饮而尽，接着又说，"胡军大败，已无决战之力，我军方可长驱直入，将胡军赶至大漠边缘，北海之滨，让他们在这个冬季里活活被冻死，饿死。待到明年春天的时候，我军即可班师回朝，到那时再饮庆功酒，共享荣华富贵。"说完哈哈大笑，在一旁的柳云却什么反应也没有，老元帅问道："柳将军为何闷闷不乐，莫非有什么心事不成？"

柳云起身答道："柳云有句话不知当不当讲？"

"但说无妨。"

"如今，我军已远离后方，粮草补给已成问题，如何继续深入。"

话还没有说完，老元帅就打断说："粮草不成问题，我已派人前去催讨，不日即可到达，不知柳将军还有什么话要说？"

柳云想了想说道："近日，胡军在我军之前，若隐若现，保持不远不近的距离，我看这里面必有问题。"

"有何问题？"

"此地极为荒漠，胡人又实行了清野政策，五谷归仓，处处粮空，现在已是百里不见人烟，其意图是诱我们深入，切断补给线，到那时我们的军队将不战自溃。"

"柳将军过于谨慎了，胡军已成流寇，诱敌深入，又将我们怎么奈何"。说罢又哈哈大笑。

第二天，大军拔营起寨，继续向北追击，没过几日，发现胡军突然消失得无影无踪，大军不得不停止前进，就在这荒无人烟的地方驻扎下来，商议对策，派出探马，打探胡人的消息。李广、木兰各自领着一直队伍外出打探，另外两路由他将率领。

木兰一队一连走了数日，仍不见人烟，更没有胡军的去向，于是众人决定次日一早返回驻地，当天夜里就在一个废弃的村落里住了下来。第二天早晨，天还未亮，木兰早早起来，刚走出房门，忽见身前闪过几个黑影，木兰立刻警觉起来，登高仔细一看，只见四周黑压压一片，胡军早已把整个村庄包围起来，木兰大喊："快起来，胡军杀来啦"。话音未落，十几个胡人就冲进了院子，木兰赶紧提枪上马，冲了出去，一路拼杀，才出了包围，胡兵在后紧追不放。突然战马一声嘶鸣停了下来，一看前面是一条深沟拦住了木兰的去路，沟很宽，很难跨过去，而又是深不见底。木兰想转身回去，可是后面的胡军已经围了上来，眼看再没有什么可以去的地方了，就在这时，木兰的战马浮云突然嘶叫了一声。木兰拍拍浮云的耳朵，小声叨念：浮云啊，有人说你是天下第一宝马，今天你我的生死就看你的表现了。"木兰两脚用力一点蹬，马往前冲，木兰两眼一闭，只听见耳边呼呼的风响，身体一震，再睁开眼睛的时候，他们已经安全地落到了对面，回头看，胡军被甩在了隔岸，无奈地看着。木兰不敢耽搁，奔回大营报信。回到营的时候，李广也回来了，正在回报自己被围的经过。当木兰也说了自己的经历后，众人都惊呆了。然而还有两支队伍没有回来，众将分析恐怕凶多吉少了。果然又过了几天，他们仍然没有归来，预定的日期早已过头。

老元帅与众将商议如何应对，这时粮草官又来报告军中的粮草只能维持三天，后方补给仍无消息，众人皆大惊。没有粮草，无法开战只有后撤，但退也应该有个退法，于是就有人提议，先锋营继续北上，暴露在胡军的面前，主力部队今夜悄悄后撤，此计为金蝉脱壳，老元帅一看再没有别的好办法就这么决定了。

柳云率领部队在刺骨的寒风中，步行继续北上，因为战马全部随主力后撤，这就意味着每个将士都做好了必死的准备，大军在一个山冈上扎下营寨。当天夜里，大家被一阵嘈杂声惊醒，木兰等人出来看时，营外一片火光，胡军已包围了四周，天亮的时候，他们开始进攻，柳云率众据力抵抗，打退了一次又一次。由于内无粮草，外无援兵，军心开始动摇。一天夜里，木兰做了个梦，梦见自己正在爬城，大师兄突然出现在身边，对着木兰说："木兰，小心啊"说完又不见了，梯子被掀翻了，自己悬在半空中，吓得"啊啊"叫了两声，木兰被惊醒了，这时天已放亮，木兰出了营帐。突然，有人高喊："胡军杀进来了。"

木兰回头一看，胡军呼啸而来，一个个帐篷被踏平，未来得及逃出的人是又哭又号，霎时哭号之声惨不忍闻。木兰正不知所措时，一把大刀迎面扫来，眼见木兰性命不保，只见她一低头，刀锋就贴着头皮扫过，刚立定身子，一条绳索迎面飞来，牢牢地套住了她的双肩。绳索的另一头是一个骑在战马上的胡兵。木兰一被套住，那兵就催马向前，木兰被拖着飞奔出去，木兰一惊，赶紧拔出腰间的短剑，去割那绳索，却不能够到。衣服被拖成了碎片，皮肉与地面摩擦，痛的她直咬牙，木兰有些绝望了，闭上了双眼，朦胧间看见一匹战马向自己急驰而来。木兰不用细看，就知道一定是柳云，不知道哪里来的一股力量，木兰一刀割断了绳索，身体马上就停下来，双肩也解脱了，这时柳云也到木兰身前，俯下身将手伸向木兰，抓住木兰的手一提，木兰就势上了马背，一马双跨，飞奔向前。胡兵在背后紧追不放，枪尖几乎顶到了木兰的后背，稍有迟疑就会被刺穿后心，木兰的身体紧紧贴住柳云的后背，不敢乱动，这时旁边有人带着哭腔喊："六哥快来救我。"木兰扭头一看，是小宝，只见小宝满身是血，向着这边跑来，身后十几个胡兵在追杀，小宝跑着跑着，被一脚踹倒，刚要爬起，又被踢翻。十几个胡兵，就像十几只猫在摆弄一只无力的老鼠，木兰再也看不下去了，把脸贴在柳云的背上，眼泪哗哗的流淌，可怜小宝被砍成了肉泥，临死前手还伸向木兰。

木兰和柳云跑了半天，终于进了一座大营，这是老元帅为了阻挡胡兵，设下的第二道防线。天黑时，李广、奇黑还有一些侥幸逃出的兄弟，也陆续到了这里，当天夜里，胡军又将大营三面包围。

第二天一早，柳云找到木兰说："我刚刚接到元帅命令，要我回主力部队，你们可能还要在这里紧守几天。"临走前又说："以后的战事会更加艰苦，要多加小心，保重。"说完上马走了。

胡军又开始进攻了，由于李广、木兰身上有伤，被编入预备队，准备决战，战事一天天吃紧，食物也渐渐短缺，大营被攻破只是时间问题了。一天，前面的士兵突然退了下来，木兰知道不好，大枪紧握，做好了决战的准备，果然胡兵攻破了大营，掩杀过来，冲在前面的一员胡将，脚下跨一匹矫健的战马，手拿一把大刀，一路杀了过来，无人敢靠近他。木兰大惊，赶紧大枪顶地，飞身跃起，大枪一举，高声叫道："弟兄们随我来。"说罢催马杀入敌阵。天黑时分，木兰一行人才杀出重围，脱离了险境。夜晚休息时，木兰查了一下人数，几位结义的弟兄都不见了，还好李广奇黑还在。众人才放下了心，可吃的成了最大的问题，这一路上，不见人烟，只能靠草根，树皮充饥，时间一长，有些弟兄支持不主了，被冻死的，饿死的事时有发生。一天休息时，李广来了，他对木兰小声地说："木棣，前面的路不知还有多远，我们这些人恐怕熬不出去了，你有一匹战马，如果跑得快一点就可以找到大军，再迟恐怕来不及了，我们将全军覆没。"木兰斩钉截铁地说："不行，大家既然选择了我，生要在一起，死也要在一起，我们一定会有办法走出去的。"李广无奈地摇了摇头。李广的一番话，提醒了木兰，木兰看了看战马，猛然间从腰间抽出短剑，走到马前，拈了拈那脖子，李广一看，明白了木兰的意向，高喊："木棣不可"，边喊边奔了过来，木兰手起剑落，"唰"的一声，割断了马的动脉，马血喷涌而出，李广抓住木兰的手，哭着说："木棣，你好傻啊，这样不但救不了我们，反而连累了你。"众人都被感动得流下了眼泪。

几天过去，马肉也吃完了，可是茫茫旷野，众人饿的东摇西晃，哪里有力气走路，这时阵阵马蹄声从远处传来，一队胡兵向这边奔来，众人都慌了手脚，有人竟哭了起来。木兰道："大家不要慌，快钻到沙子里面去，把自己藏起来。"众人立刻在沙地上扒坑，跳进去，再用沙子把自己盖起来。奇黑却没办法把自己肥胖的身子盖严，木兰从沙子里钻出来，帮奇黑盖好，自己又重新藏好。胡兵就在众人的眼前过去了，马背上还挂着鲜血淋漓的人头。待胡兵走远了，众人才钻出来，木兰拍着身上的沙子说："胡兵刚刚打完仗，前面一定有我们的人，大家快点走，我们一定能找到大军。"众人看到了希望，走的也快了，不多一会，看见了许多尸体，走近一看，全是自己人的尸体，没有一个活的。李广道："他们和我们一样，也是被杀散的，没想到，逃到这还是被杀了。"希望破灭了，他们又慢悠悠的上路了。

走在木兰旁边的奇黑走两步回头看看，又走了两步停住了，趁人不注意，一转身，直奔路边的一具尸体，到了近前，割下一块肉，就往嘴里塞。木兰一见，也奔了过去，将他推到一边，愤怒地骂道："你还是人吗？"奇黑倒在地上，嘴里嚼着肉，眼睛还死死地盯着那些死尸，时刻准备扑上去再抢一块。木兰气坏了，还要动手，被李广拦住了，木兰看李广，李广摇了摇头，用目光向一旁指去，其他人也在吃人肉，有的还割了内脏在锅里煮，木兰无奈地低下了头。

又走了几天，还是不见大军的影子，众人有些绝望了，一天中午休息时，一只小动物进入了木兰的视野，木兰赶紧叫起身边的李广："李大叔快把弓箭给我。"李广递过弓箭问道："你干什么？"木兰指了指前面道："你看那是什么？"李广一看赶忙制止了木兰，道："别动，跟着它。"小动物钻进了一个洞穴里，李广高兴地说："这回我们可有希望了。"众人都疑惑地看着他，李广又道："这是獾子，冬天来的时候他会在洞里藏很多粮食，如果我们能挖出来，我们在接下来的几个月就不用挨饿了。"众人一听，兴奋的动手挖了起来，不到办天时间，果然挖出了好多粮食，又捉了獾子，众人又美美地吃了一顿，带上粮食上路了。天空传来了大雁的叫声。木兰抬头看了看，李广道："天气就要转凉了，我们不知还要走多久呢？"

夜里，木兰坐在篝火旁，无法入睡，半夜时分，木兰似乎隐约听到了梆子声，又侧耳听，果然是梆子声，这是自己人的声音，木兰高兴的地叫起来。听到了梆子声，大家都非常高兴，第二天便早早地出发了，转过一弯山，果然见到了大营，木兰大喊："是我们的旗号。"众人高兴地哭了起来。

催讨粮草，路遇劫匪

众人回营后，木兰经过多日的修养，身体很快恢复健康。一天传令兵进来报："花将军，柳元帅请您到大帐议事。"原来，老元帅已抱病进朝，柳云被封为元帅，掌管前敌一切事务，木兰来到帅帐，帐内只有柳云一人在伏案看地图，见木兰进来，起身问道："身体好多了吧？"

木兰点点头答道："完全好了"。

柳云道："现在有一个重要任务，必须由你去，军中现在的粮草极缺，而寒冬将至，将士们还无棉衣，几次派人前去催讨，都杳无音信，你现在的任务是，到离我们最近的代州尽快去筹集粮草棉衣前来应急。"

"有多远？"

"最快也要三天，一定要小心行事，现在后方情况极为复杂，大小官员各霸一方，土匪猖獗，恶霸横行，我这里又派不出兵将，只能让你一人前往，任务对你来说是重了一些，但我们的将领中，只有你一个才能完成这项任务。全军的希望就在此一行了，希望你能够不负重托。"木兰点了点头。

次日，木兰便收拾好行装，开始上路。走出大帐，战马已经备好，而牵马的却是奇黑。木兰一下子想起了小宝那悲惨的一幕，木兰强压住自己的眼泪，将脸扭向一旁，而奇黑却是忍不住了，"哇"地哭了起来，"小宝，你死得好惨啊"。在场的人都忍不住掉了眼泪，这时，柳云来了，众人才止住了哭声，送木兰上了马。木兰告别了所有兄弟，由柳云陪同上了大路。二人并马走了好长时间，都一言未发。木兰偷看一眼柳云，见他在思索着什么，木兰勒住缰绳，说："柳将军，请回吧"。柳云也勒住缰绳，顿了顿，从腰间摘下佩剑，拉出半截看了看，又推回刀鞘说道："木棣，这是我随身佩带多年的佩剑，上面刻有我的名字，从现在起，你已经不是一名普通的战将，而是一名独当一面的指挥官，带上它，就可以号令三军，威震敌胆。"说罢，双手把佩剑递了过去，木兰连忙双手接过佩剑。木兰骑在马背上，抱拳说道："柳元帅多多保重，我们后会有期。"说罢，扬鞭远去。

到了黄昏时分，木兰仍未找到一个可以投宿的地方，不得不踏着月光，继续赶路。前面有几个黑影越来越近，像是村庄，待近一看原来是一座废弃的村庄。破烂不堪的房屋，已许久没有人住了，木兰拴了马，怀抱大枪，便坐下来歇息。

天空很晴朗，这时的木兰又不禁想起了家乡的爹娘，掐指算算，自己离开他们已经有十个年头了，未给他们捎过任何口信，恐怕他们现在也认为自己的女儿早已战死沙场。一阵冷风过去，木兰打了一个冷战，裹紧了衣服，缩在角落里睡去了。

突然，一阵战马的嘶鸣把木兰从朦胧中惊醒，木兰提枪走了出去，只见几点幽蓝的贼光，正向这边走来，借着月光，木兰看清了那是几只野狼。木兰正要搏打，身后又传来一声刺耳的尖叫，木兰回头一看，一片黑压压的狼群正向自己走来。战马越来越烦躁不安，木兰见状抓缰上马，战马踏过狼群，向前飞去，野狼在后面紧追不舍，有几次已经咬到了裤脚，木兰挥动大枪，左右不停地拨打。不知何时，狼群被甩的没了踪影。天亮的时候，木兰才勒住战马，战马浑身流汗，四蹄打战，木兰赶紧下了马背，战马"扑通"一声竟然摔倒在地，七窍流血，蹬了几下，就再也没有动弹。"天啊，你到底要夺取多少生命才肯罢休，也一匹马的性命也不放过。这可恶的战争什么时候才能停止啊！"木兰掩埋了战马，转身向树林深处走去。

山越来越高，林越来越密，木兰抬头看了看，心想着也不知走了多久，离代州还有多少路程，自身安危是小，误了军中事务是大。想到这里，不由得加快了步伐。突然，有人高声喝道："此山是我开，此树是我栽，经得此路过，留下买路财。"话毕，从树上跳下十几个人来，各拿着刀枪，把木兰围了起来。木兰抢起大枪，摆开架势，准备迎战。原来是几个山贼，其中一个尖嘴猴腮的家伙，似曾见过。木兰见是几个山贼，便收了枪，双手当胸抱拳说道："几位山王，在下有紧急军务在身，路经此处，多有打扰，请几位行个方便，放兄弟过去，他日必当厚报。"

"过去可以，但得把钱留下。"其中一个说道。

"在下现在是身无分文。"木兰回答。

"没钱，绑了去见大王。"说完，就有几个人冲了上来，木兰无心应战，只是躲闪招架，一个没有注意，觉得腰间突然一动，低头看时，佩剑已经不见了。抬头看，那个尖嘴的家伙正拿着佩剑朝自己笑。木兰见状，很是生气，大吼一声："把剑还我。"说着就向那家伙扑上去，那山贼吓得转身就跑，木兰在后面紧追不放，不多时，那山贼钻进了一座山门，等木兰走近时，已经关了起来。上面有人大喊："何人如此大胆，敢闯山门，再敢近前，乱箭射穿。"木兰抬头看时，上面有好多喽啰拿着弓箭正对着自己。木兰高喊："快叫你们的兄弟把我的宝剑还给我，稍迟半步，小心我踏平你们的山寨。"

"好大的口气。"话音刚落，寨门内走出来一人，木兰仔细观瞧，见此人气度不凡，黑脸膛，中等身材，一身素装。看来此人并无敌意，木兰也收了怒容。那人也打量了一番木兰，问道："不知将军来此何干？"

木兰便把先前的事情说了一遍，那人点点头："既然如此，请将军到大堂一聚。"

木兰进了山寨，跟随他一起到了大堂。一眼，木兰就看见宝剑放在案桌之上。那人走到案前，拿起宝剑抚摸了一会儿，才说："请问将军大名。"

"在下花木棣。"

那人大惊道："你就是威震边疆的花木棣，失敬失敬。"说完，转身吩咐左右，设宴招待木兰。

酒席宴间，那人问道："敢问花将军与柳云是什么关系？"

"他是我家元帅。"

"实不相瞒，在下赵刚，早年曾同柳将军一起戍守边关，交往甚厚，今见此剑，如见其人。我想持此剑者，与将军的关系绝非一般，所以才请将军来此一聚。"顿了顿又说，"不知将军意欲何往？"

于是，木兰就把去代州的事情告诉了赵刚。宴后，木兰谢了赵刚的盛情款待，告辞下山。赵刚道："此去代州，路途还远，愿赠马一匹。"说着，叫人把马牵了过来，并说，"此马叫'菊花'，是马中极品，将军若不嫌弃，请笑纳。"木兰正需马匹，就没有推让，接过缰绳，双手抱拳道谢："大王大恩大德，木棣日后厚报，今日军务在身，就此告别。"说罢，飞奔而去。

这一天，木兰终于来到了代州，大街上冷冷清清，行人无几，一片萧条荒败的景象。然而走过一个酒楼，里面却是歌舞升平，乐声阵阵。木兰抬头看了看，看见三个大字：桂花香。木兰心想，一路上清清冷冷，这里却是如此融洽，一定是贪官污吏在此寻欢作乐。边关的将士们正在忍饥挨饿，如此赃官要他何用。木兰真想上去大闹一场，又一想自己还有军务在身，先到府衙再说。

木兰来到府衙，见门庭冷落，杂草枯萎，看样子已许久没有人来了。木兰进了门，喊了一声有人吗，听到里面一阵脚步声，走出来一个人。木兰打量了一下，见那人剑眉朗目，气宇轩昂，一表人才，一身衙役打扮。那衙役也打量了木兰，说道："看将军满身戎装，必定是从边关而来。"

"正是。"

"可是为粮草而来？"

"正是。"

"既如此，请将军随我去见府台大人。"二人转了两个弯，来到一座小院门前，一位老仆正在清扫着院落，衙役上前问道："大人可在？"老人向后一指道："在书房。"

于是二人又到了书房，见一人正伏案看书，衙役紧走几步上前耳语了几句。那人便起身，来到木兰近前深施一礼道："下官代州府太守伊玉拜见将军。"木兰也还一礼道："在下花木棣，奉元帅之命前来征讨粮草，请太守大人多多帮忙。"说罢，从怀中取出文书，递与伊玉。伊玉看罢，叹口气说："将军有所不知，老朽虽位居太守，却有名无实，下官举荐一人，此人若是点头，粮草即可发出。"

"请伊大人讲。"

只见伊玉眼睛一闭，很难为地说："直说了吧，此人叫张强，是地痞流氓，外面勾结胡虏，内里欺压各地大小官员，有敢不从者，诛杀全家。前几次来征讨粮食的人，空手的空手，被杀的被杀，勉强筹集了一些，又被他们勾结胡虏给半路劫走了。"

"那为何不将他捉拿归案？"

"此人不但武艺高强，党羽众多，又有胡虏做靠山，谁敢拿他。"木兰一听说是胡虏的走，顿时狗勃然大怒，拍桌大叫："此人现在何处？"

伊玉战战兢兢地说："桂花香酒楼，就是他的家。"

不多时，木兰就来到了桂花香。小二高叫："爷一位，楼上请。"木兰边走边想，自己不认识张强，万一打草惊蛇，岂不是误了大事，找个什么好的理由让他出来呢。她在一张桌前坐下，小二问道："军爷吃点什么？"木兰随口说："有上好的酒菜，都端上来。"

小二应了声就去了。木兰看了看，都是食客，柜台上面有一账房先生，还有伙计，应该没有张强。这时候木兰正饿，心想吃了再说。正吃饭，一个念头从木兰脑海里冒出来。吃过饭后，小二过来结账，木兰大声喝道："大爷我吃饭从来不花钱，想要钱叫你掌柜的出来。"小二见木兰不像是开玩笑，就把袖子一撸，说道："想在这儿吃白食，也没有打听这是什么地方，这是张爷的地盘，知道吗！"小二摆出一副狗仗人势的样子，更让木兰怒火难耐，上去就是一巴掌，嘴里说道："打的就是张大爷。"打的小二嗷嗷直叫，这时就听见里面有人高喊："何人在此撒野？"话音未落，走出一个人来。木兰打量了一下，见此人肚大腰圆，穿着打扮，非同寻常，手里握着两只钢球，不停地转动，一看便知是练家。木兰心想此人应该就是张强了吧。那人见了木兰先是一愣，见木兰一身戎装，杀气满脸，风尘仆仆，知道一定是从边关而来，语气顿时缓和下来，"不知将军到此，有失远迎，还请将军见谅。"

张强如此客套，木兰一时不知如何是好。张强又道："来人呀，取白银百两，赠予这位将军。"木兰看了看下人托着的一盘雪花白银，一拳打翻道："告诉你吧，我奉太守伊大人之命，特来将你这恶人捉拿归案。"

张强一听，顿时变了脸，鼻子一哼，道："不识抬举的人，敬酒不吃吃罚酒。来人，将这不知天高地厚的黄毛小子给我拿下。"

话音刚落，家兵家将蜂拥而至，此时的木兰，早已是身经百战，几个虾兵小将哪里是她的对手，只几下，就把他们打的是落花流水，抱头鼠窜。张强一见，回屋取出一把钢刀，扑了过来，木兰并未拔剑，只是不停地躲闪，打了一阵，张强气喘吁吁，木兰瞅准机会，一把抓住张强拿刀的手腕，向后一拧，钢刀"咣当"一声落在地上。张强疼得也是直叫，木兰拔出宝剑，按到他的脖颈上，吓得张强连呼饶命，木兰喝道："饶你性命，怎能对得起那些埋骨他乡的英雄好汉，我的多少好兄弟饿死在荒郊，多少壮士战死在疆场上，今天我要是饶了你，他们在九泉之下怎么瞑目，你这恶人的脑袋落地十次都难减其罪，今天我就要为他们讨回公道。"说完，那张强的脑袋也"咔嚓"一声落了地，围观的人无不瞠目结舌。这时太守伊大人带领三班衙役也赶到了，木兰吩咐人将这狗头悬于城门示众，又对伊太守说："伊大人，现在可向各地大小官员发出告示，命他们速带粮草前来领罪。"

伊玉吩咐师爷照办，转身又对木兰说："还有一人不得不防。"

"何人？"木兰问道。

"此人是张强的胞兄张成，此人之恶，不在张强之下。其家中也囤积了许多粮食，此人得到消息一定会逃往胡人之地，如果此人逃跑，对筹集粮草大为不利，我这里多找些人马前去捉拿，方是上策。"

木兰问道："逃往胡人之地必经哪里？"

"由此向前，有一条青石沟是必经之路。"

木兰听了便吩咐道："带马过来。"木兰提枪上马，刚要出发，伊玉一把抓住缰绳道："花将军万万不可一人前去，此张成之子张霸人高马大，手中一把合扇板门刀，有万夫不当之勇。将军一人前往岂不是白送性命。"

木兰笑道："我花木棣万马军中取上将首级如探囊取物，一个地痞流氓，有何能耐，今天我就去会会这张霸。"

"要去须多带一些人马。"

"等你凑齐了人马，那张成父子恐早已到了胡人之地。"说罢，催马冲了出去。

接近二更时分，木兰来到了青石沟，不多时便见一队人马急匆匆向这边赶来。来到近前，木兰看见灯笼上有"张府"二字，知道是张氏父子到了。木兰大喊一声："来者可是张氏父子？"家兵见有人拦住去路，飞跑回去，不多时队伍中冲出一匹战马，马上端坐一人，高声喊道："何人大胆，敢拦俺张霸的路。"

木兰用枪点指："你就是张霸？花木棣在此恭候你多时了。"

那张霸一听，哇哇直叫："你就是杀害我二叔的花木棣，不是家父阻拦，此时我已踏平了代州城，天堂有路你不走，地狱无门自来投。今天我要为我二叔报仇雪恨。"说罢，催马挥刀劈了过来，木兰两脚点蹬，马往前冲，二马相对，木兰一枪挑张霸于马下，顿时吓得众人四散奔逃，木兰马不停蹄，直奔车帐，车内的张成，早已吓得不能动弹，木兰抓过张成摔在地上，高呼："诸位弟兄，今天我是奉伊大人之命前来捉拿张氏父子，与你等无关，愿意回去的，将这张成绑了，逃跑的死路一条。"众人一听，都止住了脚步，有几个转回了身，绑了张成。其他的见状，也都陆续回来了。

木兰带领一行人，赶着车辆向回走去。天亮时分，回到了代州，早有人飞报了伊玉，伊玉率人出城相迎。木兰来到府衙，各地官员都已到齐，见木兰杀气腾腾地挑着张霸的人头，张成被五花大绑，个个吓得是战战兢兢，体似筛糠，低头不语。木兰直奔大堂，来到书斋后坐定，一拍惊木让各地官员报门而入。眨眼间，堂下跪到一大片，师爷捧过一摞书册道："此是各地官员所带来的粮草。"木兰随手翻了翻，放在一边。师爷又捧过一摞说道："此是各地官员所犯罪状。"木兰看也没有看，就道："烧了吧。"接着又对下面的官员说，"念你等都是初犯，又是被逼，暂且饶了你们，回去后，要尽心尽力，上报国家，下安黎民，再敢贪赃枉法，杀你们二罪归一。"

各地粮草陆续备齐，木兰却犯起难来，这些粮草只能应急，还需要筹集更多的粮草、棉衣，前方才能够有所保障，自己若是押粮运草回前方，张氏兄弟的余党定会卷土重来，刚刚稳定的局面，就会被打乱，想再筹集物资就会难上加难，而自己留下了，又叫何人押送粮草呢。正在左右为难时，有人来报伊大人到。伊玉进的屋来，见木兰满脸愁容，便问："花将军因何事发愁？"

木兰便将刚才的事情说了一遍，伊玉听了道："下官保举一人，可担保粮草押运之事。"

"何人？"木兰忙问。

"三班督头，苗长义。"

"就是带我来见你的那位壮士？"

"正是。"

"此人可靠？"

"绝对可靠，苗督头不但文武双全，而且满腔报国之志，将军若是能重用此人，乃是军民之幸。"

"既如此，那么快请此人。"不多时，苗长义到，伊玉向他说了押粮运草之事。苗长义起身答道："有我苗长义在，就有粮草在，誓与粮草共存亡。"三人谈到半夜，方才休息。

第二天，木兰送苗长义上路。临别时，木兰又叮嘱了一番，二人才挥手道别。不久后，木兰又招了一些乡兵，一些山贼也先后下山归降，木兰坐镇代州，扩大了管辖面，稳固了后方。

一天，探马飞报："有百余骑胡兵正向这边奔来。"

"再探。"

"是。"探马飞奔出门，木兰起身离座。正在这时，伊玉慌慌张张跑了进来，说道："花将军，大事不好了，胡人杀过来了，我们赶快逃命吧。"

木兰怒喝："岂有此理，几个胡人就把你吓成这样，瞧你还有一点太守的样子吗？让手下人如何应敌？"

这时，伊玉稍微冷静下来，说："将军有所不知，这胡人个个是彪形大汉，杀人不眨眼，乡兵早已是闻风丧胆，望影而逃。让他们去迎敌，岂不是以卵击石，白送性命。我等可先逃到山上，暂避一时，等他们抢够了，自然就会退去。"

木兰道："兵来将挡，水来土掩。有我花木棣在，岂能让他们为所欲为，立刻聚齐乡兵，准备迎战。"这时，哪里有人听木兰的话，府衙内乱作一团。木兰上前一步，拔出宝剑，大喊："临阵逃脱者，立斩。"众人一听止住了脚步，都看着木兰，木兰说道："大家不必惊慌，听我的号令。"转身又对身边的伊玉说："伊大人，你带一队人马，去路上埋伏，待胡军过来后，多砍树木将路堵死。"接着，又对师爷说，"你带一队人马在半山腰埋伏，以我挥动大枪为号，猛敲战鼓，摇旗呐喊，做出千军万马之势。我自己一路，正面迎敌。"众人见木兰临危不惧，指挥若定，心里也安定下来。木兰披挂整齐，准备上马，伊玉过来说道："花将军一人迎敌，要多加小心。胡兵非张氏兄弟可比。一旦战败，可速逃往山上。"

"伊大人，休要长他人志气，灭自己威风。胡军我见得多了，区区几百个，何足挂齿。"说罢，冲了出去。

中午时分，一队人马大摇大摆地走了过来，木兰催马迎了上去，高声喝道："大胆胡人，竟敢孤军深入，我早已埋伏下千军万马，快快下马受降，可免一死。"众胡人勒住战马，交头接耳，说了几句，一名胡将对身后的人说："休要听他胡说，何人将他拿下。"话音刚落，人群中出来一将，摆刀直取木兰，木兰为了鼓舞士气，一个回合就把那人挑于马下，接着胡军中又冲出一将，抡刀就砍，木兰毫不在乎，一个转身，又一枪将其刺于马下，之后马不停蹄，挺枪去取那头领的脑袋，这人一见木兰连杀两将，吓得拔马就跑，木兰见状把枪朝天一挥，半山腰立刻喊声四起，战鼓阵阵。胡军见如此气势，哪还敢战，只顾逃命。半山腰的乡兵见木兰连胜两回，胆子也大了起来，纷纷杀将出来，与木兰一道随后追杀。胡兵没有逃到多远，就被伊玉砍倒的树木挡住了去路，只得下马步行，伊玉见胡兵大败，遂率人马从林中杀出，与木兰一处，大战胡兵，到最后杀的只剩下十几个胡兵也被团团围住，只得投降。

木兰率众人大胜而归，众人欢呼雀跃，伊玉逢人就夸"花将军乃神将也"。唯有木兰高兴不起来，回到府衙，伊玉问道："花将军为何不悦？"

木兰道："小敌去，大敌来矣。胡军来去如此自由，附近必有窝点，如不扫除，还会有大批的胡兵杀来，那时我等必危矣。"这时，有人来报苗督头回来。木兰和伊玉赶紧出去看个究竟，三人见面，苗长义详细地汇报了情况，还带来了柳云的口信，"如今柳元帅已退守雁门关，与胡人对峙，命令我等做好长期的防御准备，待时机成熟了，再往北出长城，横扫胡军。"木兰道："既如此，立刻带俘虏，看他们到底是来自哪里。"经过盘问，得知由此向北有一座黑风口，那里驻扎了几千胡军兵马。木兰仔细斟酌，决定夜袭黑风口，烧掉胡军大营。

木兰带着几百人，来到黑风口，趁着黑夜，神不知鬼不觉地放火烧起了胡营，顷刻间胡军大营成了一片火海，胡军打乱。木兰趁此机会，杀了过去，胡军毫无防备，死伤无数，只有不多的人逃回了大漠。归来后，木兰与伊玉商议："此事应即刻上报朝廷，在黑风口一带修筑长城，派兵戍守边疆，代州可保平安。"于是木兰带着军民日夜赶修长城，妇女们也动员起来，白天耕田，晚上纺织。代州上下一片繁荣的景象。

第五章 巾帼英雄，横扫胡军建功勋

横扫大漠，平定北方

一天，有人来报，圣上派来把守边疆的新兵到了。木兰连夜翻看了点名册，看是否有家乡的人在，果然找到了一个花家寨的人，叫刘小双。木兰立刻叫来了这人，一眼就认出他是二师哥的弟弟，离家十余年，今日总算见到了亲人，心情格外高兴，问了好多家中的情况。木兰见刘小双并不认识自己，也就放下心来，一直谈到天亮时分，最后说："你就留在我的身边。做我的马童吧。"

木兰来到代州，连战数捷，首先铲除了张氏兄弟，单骑杀退胡虏大军，火烧黑风口，收服了大小山头，声威大振，黎民百姓奔走相告，年轻壮士纷纷前来投军，几天时间，便召集了数千名兵勇。木兰亲自挑选了三千精干壮士，打出旗号"三千子弟兵"。经过木兰的精心治理，代州城又恢复了昔日的繁荣。

一天，木兰来到府衙，与尹玉大人商议："近日接连收到边关战报，有胡军的散兵游勇在边关一带骚扰边民，损失惨重，我虽然连打胜仗，但塞外草原上的胡军对我代州城的安全构成了威胁，我要带领三千精兵，北出黑风口，扫平那些窝点。"尹玉答应了。第二天木兰便带兵北征，一路上攻无不克，战无不胜，杀得胡军落荒而逃，经过一年的征战，踏平了代州外威胁代州城的据点，率领得胜之师凯旋。尹玉等人出城相迎，互相问候之后，尹玉道："花将军回来得正是时间，刚刚接到柳元帅加急军报，有八千胡军铁骑兵向我代州杀来。"木兰点头道："我也接到探马的报告，才率军赶回。"木兰，尹玉率诸将直奔府衙商议军情，木兰打开柳云的军报，大概内容是："雁门关前，我军已和八千铁骑数次交锋，不能取胜，铁骑先锋包把根凶猛异常，已连伤我数员大将，无人能敌，望木棣将军谨慎用兵。"木兰放下军报，心里明白："看来柳云把消灭八千铁骑的任务交给了我。"木兰顿觉肩上担子艰巨而又沉重，扫视了一下诸将，堂内鸦雀无声，诸将都在注视着自己，看来他们也感到了事态的严重。

木兰定了定神道："诸位将军刚刚接到战报，有八千胡虏铁骑军向我代州扑来，诸位可能早有耳闻，这八千铁骑乃是一支精锐之师，纵横大漠几十年，从没打过败仗，当年我军几十万被这八千铁骑杀的一败涂地，溃不成军，被迫退守雁门关，如今，这八千铁骑已成我扫北的最大障碍，我曾与这八千铁骑数次交锋，熟悉他们的装备和阵法，前面是三千骑兵，全部身着重甲，刀枪不入，三五为一排；中间用铁索链环，铁索上有弯钩，直刺；后面，五千轻骑兵，协同作战，一齐冲锋，有排山倒海之势，以我军目前的装备还无法阻挡。"诸将一听，颜色突变，面面相觑。木兰又道："铁甲连环马虽然厉害，但也有它的不足之处，多年来我一直在寻找战胜它的方法，以往战例上有记载，铁马连环的弱点就在马蹄之上，蹄寸之间，此处是马蹄活动之关节，无法披挂铁甲，曾经有士兵倒下，用铁镰枪割断了马蹄，一匹战马倒下，这一派铁骑就失去了战斗力，两匹战马倒下，就瘫痪了。但这个士兵必须有献身的精神，还要勇敢，灵活。既不能戴盔又不能穿甲，要短衣襟小打扮，要在铁骑间滚来滚去，眼明手快，一枪割断马蹄，是克敌制胜的关键，可想而知战场上一旦倒下，再站起来，几乎是不可能，所以这样的士兵非常难选。"

有人高声叫道："我愿前往。"

众人看去正是苗长义。堂屋外早有闻声而来，高喊："我愿往。"木兰被眼前的情景感动了，走出府衙大堂，来到众士兵面前，高呼："兄弟们，胡虏有八千铁骑，我军的三千子弟兵也非等闲之辈，代州城外就是八千铁骑葬身之地。"木兰率军在黑风口一带扎下营寨，准备迎敌，苗长义领兵日夜操练，这一日探马来报胡军已在营前扎下营寨。木兰登高一望，大营扎的果然与中不同，可攻可守，戒备森严。木兰暗暗下决心，明日一定要杀一杀他的威风，挫一挫他的锐气。

第二天，双方摆开阵势，敌军中飞出一匹黑马，马上端坐一员黑大将，手舞大刀高呼："包把根在此，汝等还不下马投降，免遭一死，等待何时。"木兰催马迎出喝道："花木棣在此，何人口出狂言。"包把根一阵冷笑道："俺雁门关前刀劈李广，吓跑了奇黑，打的柳云闭门不出，你花木棣又有什么本领，看刀！"说罢抢刀就砍，木兰闪身躲过，二人话不投机战在一处，几个回合下来，木兰一枪挑包把根于马下。胡军大怒，指挥铁甲连环马冲了过来，木兰高举大枪向后一挥，前军后撤，闪出了钩镰枪队，胡军毫无防备，冲了过来。钩镰枪队员迅速倒地让过马头，铁索操起钩镰枪，准确地向寸马蹄处割去，一时间，铁甲连环马纷纷倒地，把胡军打乱，木兰趁势掩杀，胡军败回了营寨。木兰得胜回营，清点人数，钩镰队员生还无几。这一战双方各有损伤，都闭门不出，开始对峙。

一连几天，木兰都在想着如何破敌。虽然胜了一仗，但铁甲连环马的战斗力仍然存在，很快就会反扑过来。铁甲军善于马上作战，必须先发制人，未等胡军上马杀进敌营，一战可成。可敌营戒备森严，如何出奇兵呢？木兰来回踱着步子，不知不觉走出了营帐，看着士兵在操演队列。队列经过一棵树的时候，树上的喜鹊被惊飞了，如此反复了几次，喜鹊就不再受惊，不飞走了。木兰眼前一亮，计上心来，立刻叫来苗长义，附在耳边叮咛，苗长义连连点头。

第二天，苗长义在操演队列时，木兰走出营门，登上高处，暗暗观察敌营的动静，敌营一见这边有兵出营，立刻作了准备，苗长义领兵走到两营中间时，全体向后转，返回去了，和正常的操演没有什么两样。连续几天，胡军发现都是老弱残兵在操练，便放松了警惕。木兰观察到胡军不再做防备，再次操练时就换上了三千子弟兵，走到两营中间时不在反回，继续向前靠近胡营时，胡军才发现势头不对，木兰一声令下，战鼓齐鸣，三千子弟兵像潮水般冲向敌营，喊杀声震天，等胡军明白时，已是溃不成军。八千铁骑从此一蹶不振。

经过一年的努力，边关无烽火战事，百姓都安居乐业。一天，苗长义来到木兰住处，请木兰做自己的主婚人，说自己要结婚了。木兰欣然答应。苗长义走后，木兰惊讶地意识到，自己此时已是三十几岁的人了，还孑然一身。想到这里，拿起铜镜照了照自己，又黑又瘦，几根粗大的皱纹缀在眼角，哪里还有一点女人的样子。木兰赶紧放下镜子，不敢再看第二眼，抬头望着远处的烽火台，自言自语道："何日才能还我的女儿身呢。"

苗长义的婚礼，特别的热闹。木兰看着幸福的新娘，心里很不是滋味，但不得不装着笑脸，主持完婚礼。众人正开心畅饮时，有人高喊："有狼烟升起。"木兰抬头一看，烽火台上，浓烟滚滚，木兰见状大喊："所有男子速上长城。"说罢，上了战马，奔了出去。木兰登上长城，见下面无数胡兵蜂拥而至。城上战士奋力还击，滚木、滚石如冰雹一样扎了下去。木兰鼓舞大家："弟兄们，我军的大旗未倒，阵地还在，上面就还有我们的人在，冲上去就是胜利。"木兰一马当先，刚到山顶，那胡人也来到了，接着双方一场恶战，胡人被打得退了下去，木兰这时才注意到，原来大旗未倒，是被苗长义稳稳扶助，但是苗长义却被万箭穿身，壮烈殉国。

这一仗，一打就是几个月，木兰眼见自己身边的将士越来越少，周围的阵地也丧失殆尽。忽然又传来一个不幸的消息，代州城也被围住，胡军日夜不停地攻打，伊玉率军民拼死抵抗，战斗进行得十分惨烈。城中青壮男子，死伤十有八九，现在守城的，都是戴孝的妇女、儿童和老人，伊玉誓与代州城共存亡。如今，木兰所守的黑风口，已成孤城一座，里无粮草，外无救兵。一天夜里，木兰带领随从，顶着刺骨的寒风，巡营查哨。来到一个哨位前，那哨兵目视着远方的敌营，一动不动，身体早已冻僵。木兰命人赶快抬下哨兵，亲自站了上去。木兰望着远处的胡虏大营，心中感慨万千。自从军到现在已整整十二年，这十二年来，她出生入死，所经历的大小战役中有几次是死里逃生，能侥幸活到今天，全靠柳云、奇黑等人的暗中帮助，而这次恐怕是劫数难逃了，但是多少好兄弟都已埋骨他乡，自己又有什么好惧怕的呢，待到明天，誓与胡军决一死战。

次日早晨，天刚亮，一阵喊杀声就把木兰惊醒，木兰登上城头察看，只见胡虏大营的后面是旌旗飘摆，绣带飘扬。一队人马杀向敌营。木兰情不自禁地喊道："是柳云，一定是柳云！"这时一匹黑马杀了过来，马上端坐一员大将，手中的车轮板斧，杀的胡兵四散奔逃，如入无人之境，木兰高兴地喊道："是奇黑，快开城门迎接。"木兰快步走下，这时城门大开，奇黑已到近前，木兰激动的两眼闪出了泪花，奇黑一见木兰，翻身下马，把大斧一扔，说道："想死我黑哥了。"说着就把木兰抱了起来，还在她脸上亲了一下。这时，李广也到了。两军合一，一鼓作气，杀的胡虏无影无踪。柳云在这时也解了代州之围。柳云、木兰、李广和奇黑分兵齐头并进，横扫大漠，平定了北方，在一个春暖花开的季节里，班师还朝。

班师回朝，受封尚书郎

金銮殿上，有功将士获得赏赐百千，李广加封定国侯，赐造了大将军府。当念到奇黑名字的时候，天子开了金口说："朕的大将怎可用如此俗名，朕就赐你姓名，正因为有了你，我军才能旗开得胜，平定北方，就叫你'齐开远'吧，加封为保国侯，镇北大将军，赐良田百亩，豪宅一座。"接着又说道，"柳将军为国征战，尚未娶亲，不知你看上了哪一家的姑娘，朕要为你亲自做媒。"柳云偷偷看了一下木兰，木兰脸微微一红，心里怦怦直跳。

"花木棣。"

木兰猛地听到自己的名字，跨前一步道："臣在。"

"朕知道你功高盖世，再多的赏赐都难以表达朕的心意，就封你为尚书郎，二品大员，永享荣华富贵。"

木兰道："花木棣所做微不足道，应该赏赐的是边关的妇女，她们白天耕田种地，夜晚纺纱织布，为前方的将士提供了充足的后勤保障，至于我，愿圣上赐予一匹快马，我要快快回去看我的爹娘。"

"准奏，各府衙百官亲自迎接。"

再说花弧夫妇，自打木兰走后，不断打探木兰消息，一直是杳无音信。朝廷不断地点兵，只见人去，不见回来。一些人私下议论："那么多的男兵男将都战死了，何况一个女孩子家呢。恐怕死在哪里也无人知道。"夫妇俩听了这话，暗自伤心，起初是以泪洗面，到了后来，眼泪哭干了，乡邻们也不再议论了，夫妇俩也默认了他们的话，久而久之便将木兰淡忘了。

一天，长女花蕾回到家中，对花弧夫妇说："爹娘，我家小叔从军就要回来了，说是今天能够到家，等他回来，我再打听一下看有没有二妹的消息。"老花弧摇了摇头，叹息道："都十几年没有消息了，哪里还会有。"就在这时，街上突然传来了鞭炮声、鼓乐声，人们纷纷相告："刘家的小双回来了，还得了军功，好多官员都出去迎接啦。"于是大街小巷的人都出来看着第一个从军归来的人。刘小双骑着高头大马，披红挂彩，好不威风。人们尽赞小双是个光宗耀祖的好儿郎，小双却说道："我这算什么，咱们花家寨有个叫花木棣的，那才是真正的英雄。"花蕾一听上前拉住小双的衣袖问道："什么？你是说见到我家二妹啦？"

"哪里是你家二妹，那是保国侯，护国大将军，宣拜为尚书郎，二品大员。"接着，小双又骄傲地说，"我可是他唯一的贴身侍卫，不日他就回乡探亲，我这是先回来为他家人报信的。"

"小双，花木棣就是我家二妹呀。"花蕾摇着小双的衣袖说，刘小双惊讶道："我咋不知道呢？"

"她走时，你还小呢。"

花蕾立刻跑回家中，将此事告诉了父母，花弧夫妇二人半信半疑。这时门外有人喊道："恭喜花员外，本官刚刚接到圣旨，要本官去为你儿花木棣接风洗尘。"花弧惊喜的一屁股坐到了地面。

十里之外，华岗夫妇相互搀扶，互相观望。家中，花闺为木兰布置闺房，小弟花城杀猪宰羊。众乡亲也都前来贺喜，一家人见面悲喜交加。

第二天，木兰便脱去了满是征尘的战袍，换上了女儿的红装，对着棱花镜仔细观看，那美丽的花朵戴在自己的头上，却是那么不和谐。更别提黑瘦的脸颊、粗大的手指、扁平的胸部了。木兰再也不敢看了，趴在桌上哭了起来。之后，木兰整天待在家中，望着街上的红男绿女，自己却不敢出门，只能看日出日落，在无聊和寂寞中打发时间。

钦差又来请木兰一家人进京享受荣华。木兰已无法推辞，便修书一封向圣上表明："当年，圣上大点兵，军书十二卷，卷卷有爷名，阿爷无大儿，木兰无长兄，原为伺马鞍，从此替爷征。木兰犯下欺君之罪，请圣上降罪。"

不久钦差又到木兰家，一家人跪在地上接旨。钦差宣到："奉天承运，皇帝诏曰，花木兰为国杀敌为尽忠，替父从军为尽孝，朕的臣民中，都有如此忠孝之心，国家岂有不兴之理，花木兰堪称女子之楷模，后人之榜样，不但无罪，反而有功，晋封为一品，钦此。"钦差刚走，又接到李广的请帖，李广一家人已住进将军府，为庆贺乔迁之喜，请木兰过府饮酒。木兰乘车来到李府前，李广，奇黑已在门前等候。奇黑道："花兄弟你好会开玩笑，想给我一个惊喜，也不用这身打扮！"木兰道："没和你们开玩笑，我本来就是女儿身。"奇黑又道："你要是女儿身，那我就是娘娘了，臭小子偏谁呀。"说罢，照木兰当胸就是一拳，木兰早有防备，闪身躲开，手指奇黑道："我现在可是女儿身，你可要放尊重点，皇上已封我为一品大员，现有圣旨在此，还敢不信。"说罢，从怀中取出圣旨，当众展开。李广、奇黑一见，惊的是瞠目结舌，相看无言好半天。奇黑一抖手说："这下我完了，我这双手托过木兰的屁股，还把她抱起来过，还亲了她的脸，这回我可死定了。"说罢，在地上团团乱转，不知所措。木兰道："不知者不怪，以后规矩些就是了。"奇黑点头答道："是，花兄弟。啊，不对，应该是花——妹妹。"

木兰告辞了李广、奇黑回到家中，又过上了平静的生活。每天不停地照镜子，看自己是否恢复了本来的模样。母亲看在眼里，明在心上，便对花弧道："也该为女儿找个人家了！"花弧答道："就凭我女儿的身份、地位，只要一开口，求婚者就会踢破门槛。"

老夫人反问道："怎么不见媒人上门呢？"

花弧道："那是我门槛太高，没人敢来。明天我就邀请十里八村的婆娘们，要她们为我选婿。"

第二天，果然来了好多媒婆。花弧道："小女选婿的条件是：第一，年貌相当；第二，功名在身；第三，至今尚未娶亲。这三个条件缺一不可。"说完，请出木兰与众媒见面。众媒纷纷上前道："我这里有相当的。"又有人说："先看我这个吧，这个条件最合适。"花弧道："别着急，先记下姓名，然后再逐个挑选。"众婆娘又争先恐后地来到桌前登记、挂名。后面有个张婆娘，对旁边的一个婆娘说："我看这个花木兰的婆家未必好找，看她模样、身段，哪里像个女孩家，年龄也太大了，谁家的男性这般年龄还不娶亲，再说木兰姑娘从过军，还杀过人，以后小两口过日子拌个嘴，她要动起怒来，还不把人家打个半死，这样的婆娘谁敢娶。"旁边的媒婆道："这木兰姑娘可是有功名的人，谁要是娶了她，还不等于娶个金山，有享不尽的荣华富贵，我看定会好找，我可得挂个名。"说完了快奔过去。

求婚者纷至沓来，可结果却一个没成，条件好的看不上木兰，条件不好的，木兰也相不中。渐渐的，这些媒婆们便不再登门了。木兰依旧托腮凝望着窗外，花弧也有些着急，不停地踱来踱去。一天张媒婆又来了，花弧与张媒婆客套了一番，张媒婆便提起了木兰的婚事说："西村有个挺合适的，不过，得委屈你家木兰一下，要到男方家里去见面。"花弧想了想，狠心道："也成，只要条件相当，我们愿意委屈一下。"结果是乘兴而去，败兴而回，还白白跑了几十里山路，这也倒没什么，可是说的那些话让木兰大为恼火。对方说木兰又丑又老，根本就不像个女娃儿。木兰强压怒火，在回家的路上，心想："在军中时，我木兰是何等的英雄。如今却让这般臭男人如此戏弄，真是虎落平原被犬欺，真想提上枪杀他个天昏地暗，以解心头之恨。"

几天后，张媒婆又来了，说："东村有个人张秀才，年貌相当，家资巨富，不过……"

花弧忙问："不过什么？"

张媒婆慢吞吞地说："不过木兰过去，可得做填房。"

花弧大怒道："我家木兰可是黄花闺女，当朝一品，岂有给人家做填房之理，送客。"说罢一甩袖进了屋。又过了好长时间，不见一个提亲者，老夫人有些着急了，对花弧道："我看张媒婆提的那头也不错，木兰年龄也大了，填房就填房吧。"花弧无奈地点头，"只好如此了。"花弧来到张媒婆家，求张媒婆再费些脚力，到东村给木兰提亲，张媒婆冷冷地道："人家昨天已经成亲了。"

花弧失魂落魄地出了屋，慢慢地走在回家的路上，仿佛一下子苍老了很多。走着走着，就听张媒婆在后面喊道："花员外！"花弧转过身来，张媒婆已到身前，说道："还是为你家木兰的婚事，谁让我好事呢？南村有位大将军，娶亲的条件，我看你家的木兰挺合适。"花弧赶忙道："既如此，就有劳张媒婆了。"

第二天，张媒婆兴冲冲地来了，花弧上前道："此事如何？"木兰隔着门帘偷偷地听着，就听张媒婆道："大将军一听是你家木兰，满心欢喜，答应明天在将军府相亲。"花弧问道："不知这位大将军姓甚名谁，相貌如何？"

张媒婆道："像我们这等小民，哪敢问大将军的姓名，不过人我是见过了，一表人才，可称得是上天下第一美男子，世上无二俏郎君。"木兰听了心中暗暗欢喜。

第二天，木兰乘马，花弧、张媒婆乘车，一行人直奔南村，来到一座高大的门楼前停下。木兰抬头看了看，上写"将军府"。木兰心里顿时满意三分，木兰、花弧、张媒婆在客厅落座。张媒婆小声对木兰道："大将军就在屏风后面，我与你父到楼下等候，看好后给我个答复。"说完，二人走了。木兰心里怦怦直跳，坐了好一会儿才站起身，悄悄地走到屏风。恰巧里面也有一张脸露了出来，与木兰的脸险些碰在一起。

木兰一见，气得顿时火冒三丈，原来是奇黑。奇黑一见木兰火了，吓得转身就跑，被木兰抓住，一把按在地上，一阵拳打脚踢。嘴里骂道："你这黑鬼也来戏弄我。"奇黑双手抱头，任木兰拳脚相加，嘴里哀求道："木兰，饶了我吧！我是真心的，你好好考虑考虑再说。"

木兰气愤道："我宁肯嫁不出去也不嫁你！"说罢，一脚踹倒屏风，转身冲出了客厅。廊下的张媒婆、花弧见木兰出来，赶上去相迎，还没等开口，木兰甩袖哼了一声，抓缰上马，出了将军府。

木兰走在路上，想起了往事。这么多年与奇黑朝夕相处，他不过是丑了点，脏了点，人品倒是很好的，真嫁给了他，也委屈不了自己。想到这便勒住了战马，回头看了看，真盼奇黑能追了出来，可连个鬼影都没有，索性下了马，坐在河边等，随手抓过一把野花，拧下一朵，狠狠地扔到河里，自言自语道："该死的奇黑，怎么还不来。"是不是刚才自己太过分了，伤了他的心，怕是不能来了。

花木兰站起身来，正准备离去，后面突然有人喊："木兰，我来了！"花木兰回头一看，原来是奇黑追了上来，满头大汗，上来一把抱住了花木兰，"木兰妹妹，我知道自己又黑又丑，但我喜欢你啊，嫁给我吧。"花木兰十分感动，俩人相拥在一起。

至于后事，还用说吗？诸位读者自己想去吧！

后　记

花木兰最早出现于南北朝一首叙事诗《木兰辞》中。该诗约作于南北朝的北魏，最初收录于南朝陈的《古今乐录》。僧人智匠在《古今乐录》称："木兰不知名。"长三百余字，后经隋唐文人润色，是一首流传很广的北方民歌。这首民歌的主角是一位英勇的北方女子花木兰，讲述了花木兰女扮男装替父从军的传奇故事。《木兰辞》被列入中小学课本，被千千万万的青年学生世代传颂。她的精神激励着成千上万的中华儿女保卫国家。

花木兰在太武皇帝时期，当时北方游牧民族柔然族不断南下骚扰，北魏政权规定每家出一名男子上前线。但是木兰的父亲年纪大了，没办法上战场，家里的弟弟年纪又小，所以，木兰决定替父从军，从此开始了她长达多年的军旅生活。去边关打仗，对于很多男人来说都是艰苦的事情，更不要说木兰又要隐瞒身份，又要与伙伴们一起杀敌。但是花木兰最后完成了自己的使命，在十数年后凯旋。皇帝因为她的功劳大，认为她有能力为朝廷效力，任得一官半职，不过，花木兰拒绝了，她请求皇帝能让自己回家，去孝敬父母。

花木兰绝对是浩瀚历史星空中的一个传奇，她是一个非典型性的女性，她彻底颠覆了古来足不出户、相夫教子的中国传统女性形象，也非常契合当时的时代女性心中对陈规陋习的反叛之心，以及对独立自主的渴望之情。与此同时，在花木兰的身上也保留着传统女性的很多优点——勤劳、善良、贤惠、温柔以及浓浓的孝心。

本书从多角度出发，对花木兰进行了全面的解读。从其所处的年代，时代背景，社会政治等多方面讲述，为读者呈现出了一个多样化的人物。这是一本能够让人了解一代豪杰花木兰的人物传记，也是一本能够让人获益匪浅的好书。

作为千古留名的传奇女子和中华民族的巾帼英雄，花木兰的形象一次又一次地被搬上银幕，随着中国文化传向世界，花木兰也成为全世界人民所共知的女中豪杰。花木兰的精神，凝于气质，化为修养，可以说是最宝贵的非物质文化遗产，它为一代又一代的女性所继承和发扬精神，在时代的穿梭中静静流淌。

本书以其动人心魄的故事，曲折悲壮的情节，塑造了一位花容月貌女儿身、捐躯报国男儿志、忠孝节烈的奇女子的双重性格和动人形象，可赞可叹！